道友社
きずな新書
009

万事機嫌よく

弘長 健

はじめに

本書は平成二十年から四年間、『天理時報』に掲載された弘長健《ひろながけん》・天理教周東《しゅうとう》大教会長のエッセーに書きおろしを加え、編集したものです。

「誰《だれ》しも機嫌よくありたいと思うものです。しかし、万事となると難しい。ここに苦悩の元があるような気がします」（本文から）と語る著者。時には悩んだり戸惑ったりしながらも、家族との日々のやり取り、師と仰ぐ人の教え、あるいは、新たな人との出会いなど、さまざまな機会を通じて、〝万事機嫌よく〟生きる道を探し求めます。

現代社会は、我《われ》さえ良くばの風潮が強まり、地域における人と人とのつながりや、家族の絆《きずな》さえ弱まりつつあります。本書は、そんな現代の世相において、夫婦、親子のつながりを見つめ直し、身近なところから陽気ぐらしの輪を広げるヒントをお届けいたします。

なお本書には、平成十四年に『天理時報』で連載された著者の父である弘長米次《よねじ》・周東大教会前会長のエッセー「世界一列」も、併せて収録しています。

立教一七六年四月

編　者

目次

万事機嫌よく「恩」……… 141

世界一列

カバー・本文イラストレーション
宇恵佳奈

万事機嫌よく「親」

立教一七一年（二〇〇八年）

おじいちゃんは今日も上機嫌

よく気がつく人、賢い人、優しい人、機転の利く人、思いやりのある人。
パートナーに求める要素はたくさんありますが、五十二年間生きてきて、いまの私の結論は「機嫌のいい人」。
機嫌のいい夫、機嫌のいい妻、機嫌のいい子、機嫌のいい会長さん、機嫌のいい信者さん……ステキだと思いませんか。
もちろん、「皆《み》んな勇ましてこそ、真の陽気という。めん〳〵楽しんで、後々の者苦しますようでは、ほんとの陽気とは言えん」(おさしづ 明治30年12月11日)とお教えいただきますから、周りに迷惑をかけるような上機嫌では困ります。一緒にいて、こっちも機嫌がよくなる、そんな人がいいですね。

万事機嫌よく。これは落語家の二代目・桂枝雀師匠《しじゃく》が、よく色紙などに書いた言葉です。

誰《だれ》にも真似《まね》のできない、とことん練り上げられた至高の話芸。高座《こうざ》に上がるだけで場の空気を一変させる強烈な存在感。殊《こと》に、酔っぱらいの仕草《しぐさ》は秀逸。「すびばせんねぇ」という独特の口調で、あっという間に観客を〝枝雀ワールド〟に引きずり込んでいきました。

そんな日本を代表する笑いの名人でしたが、九年前に五十九歳で自ら命を絶ってしまいました。笑いを天職と心得、その道を極めようと突き進みながらも、一方で、その人生は「うつ病」との闘いでもあったのです。最初に発症したのは三十四歳のときでした。

その後、症状は治まり、幾多の名人芸を世に送り出しましたが、晩年また再発し残念な最期となってしまいました。

「万事機嫌よく」とは、師匠が理想に描いた心の境地だったのではないでしょうか。

誰しも機嫌よくありたいと思うものです。しかし、万事となると難しい。ここに苦悩の元があるような気がします。

ところで昨年の九月、わが家に待望の初孫が誕生しました。

以前読んだ心理学の本に、「好き嫌いの感情は相手によくうつる」と書かれていましたが、孫と向かい合うとそのことを実感します。純真無垢《むく》な赤ちゃんは、まるで鏡のように私の感情を映してくれます。

いつも孫には愛されたいと願うおじいちゃんは、少なくとも孫を抱くときは機嫌よくなくてはいけません。こちらが機嫌のいいときは、キャッキャと笑ってくれる孫も、こちらが不機嫌だと決して笑ってくれませんから。

「万事機嫌よく」とはまだまだいかないけれど、とりあえず、おじいちゃんは今日も上機嫌です。

「ツマラナイモノデスガ」

「日本人は、どうして贈り物をするときに『ツマラナイモノデスガ』って言うのかしらね」

これは、まだ小学生だった私に母が言った言葉です。

ハワイで生まれ、ハワイで育った日系三世の母にとっては、とても不思議な習慣だったようです。

母の生まれ育った国では、人にプレゼントをするとき、「とっても美味《おい》しいケーキだから食べてちょうだい」とか、「このシャツは絶対あなたに似合うから、どうぞ着てちょうだい」と言って渡すのが当たり前だそうです。

これに対して〝健少年〟は「それは謙譲の美徳といって、奥ゆかしい日本人の特質で、とても素晴らしいことなんだ」と、一生懸命に説明しました。まるで日本人を代表してアメリカ人を説得しているような気分でしたが、母はそれを聞きながら「変なの」と笑っていました。

以前、ある学生のアンケートを目にしました。そこには次のように書いてありました。

「私は教祖《おやさま》が大好きです。だから天理教が大好きです。でも、天理教をやっている人は、暗いから嫌いです」

これを読んで私は愕然《がくぜん》としました。

私たちは教祖の教えを伝えようと努力をしています。それは教祖の教えが素晴らしいからです。教祖の教えは陽気ぐらしの教えです。その素晴らしい教えを伝える私たちの姿が、若者から見ると「暗い」だなんて……。

お道の信仰者として、わが子や人さまに受け取ってもらいたいプレゼントは何でしょうか。それは、もちろん「信仰の喜び」以外にありません。

「最近ご守護がないねえ」

「昔と比べて教会も寂しくなったねえ」

「あれもしなくちゃいけない、これもしなくちゃいけない。やれやれ……」

これでは、まさに「ツマラナイモノデスガ」と言っているようなものです。

虹の島から、戦後間もないころ日本に嫁いできた母は、ずいぶんと戸惑い、苦悩したことでしょう。母はその中で七人の子供を育て上げてくれました。

子供のころは幾度も母の涙を目にしましたが、一度たりとも「人生はつまらないもの」というメッセージを受け取ったことはありません。

でも、きっと母は「それはみんなダディのおかげよ」と、最期まで母のことを気にかけながら五年前に出直した父に手柄を譲るでしょうが。

「お父さんはいつも正しい」

「お父さんはいつも正しい」

一時期ちょっと荒れた学生時代、いつも私に意見されていた息子が家内に言った言葉です。これには、「だからイヤだ」という言葉が続きます。

この話を聞いて私は非常に憤慨しましたが、それ以上にずいぶんと困惑しました。

親が正しいことを言って何が悪い。そんな矛盾した話はない。でも息子は、

それがイヤだと言う。では、どうすればいいんだ……。堂々巡りで、なかなか答えは見つかりません。

その時ふと、私が天理高校の吹奏楽部で指導を仰いだ、恩師の谷口眞《まこと》先生から教えられたひと言を思い出しました。

それは「演奏している自分自身に聞こえる音がいくら良い音であっても、それで満足していては駄目だ。大切なのは、相手にその音がどう聞こえ、相手の心をどう動かすかということだ」という教えでした。

鼓笛隊あがりの少年が憧《あこが》れて入部しただけで、管楽器の演奏も初めてという凡庸《ぼんよう》な私には、とても難解な教えでした。結局、三年間を通してそのような演奏を極めることはできませんでしたが、そのとき脳裏に甦《よみがえ》ったこのひと言が、私の視点を変えてくれました。

私は息子のためを思って正しいことを意見します。正しいから息子は何も言い返せません。議論や理屈では親である私の圧勝です。

しかし、いくら私が正しくて論理で息子に勝っても、それで息子の心が動くわけではありません。心が動かなければ何も変わっていきません。

時を同じくして、ある方が議論好きの私に「弘長さん、わが子にも信者さんにも、決して議論で勝ってはいけませんよ」と忠告してくれました。とても奥の深い言葉です。教会長となったいま、あらためてこの忠告を噛《か》みしめていきます。

「正しいから、イヤだ」という言葉は親を戸惑わせる言葉です。しかしよく考えると、「正しいということは分かっている」と言っているのです。

あとは、その「正しい」ことが本人の心にスッと治まるかどうかです。そこに親の苦心がある、ということでしょう。

「分からん子供が分からんのやない」（『稿本天理教教祖伝逸話篇』一九六「子供の成人」）

という教祖のお言葉がいたく身に染《し》みます。

「いまを生きる」ということ

家内の携帯電話にメールが届きました。送信者は、今年八十七歳になる家内の母親です。メールには、自分で撮影した写真が添付されていることもしばしばあります。

私の実母は七人の子供を育て上げましたが、義母は八人を育てた〝スーパーお母さん〟。若いころは代用教員もしたという人ですから、もともと聡明《そうめい》な女性ですが、娘に勧められて携帯電話を手にしたのは八十歳を過ぎてから。なんとも驚きです。

昭和三十年代の初め、新婚の両親は私と弟を連れて、母の実家であるハワイの教会で一年間布教生活を送りました。父から聞かされたその時のエピソードがまたステキです。

その教会の初代会長である曾祖父《そうそふ》は、明治四十年にハワイへ渡り、昭和六年に教会を設立しました。

父が家族を連れてハワイへ行ったころは、もう八十歳になっていたはずです。その曾祖父が父に「おまえは大学卒だから、これをワシに教えてくれ」と言って、現地の小さな子供が使う英語のテキストを差し出しました。

兄が会長を務める教会を経済的に支援するため、二十九歳のとき初めて海外へ出た曾祖父ですが、仕事の仲間も布教の相手もほとんどが出稼ぎに来ている日本人。なかなか英語を覚えることができなかったようです。

とはいえ、もう八十歳。当時としては、かなりの高齢者です。それに、通訳は家族や若い信者さんがいくらでもしてくれます。

父が半ば呆《あき》れて「おじいさん、いまさら英語の勉強なんかしても仕方ないでしょう」と言うと、曾祖父は「もちろん今生は間に合わないが、いま勉強しておけば、今度生まれてきたときは思い出すだけでいいからの」と、にっこり笑って答えたそうです。

私たちは教祖から、人が生きるということの本当の意味を教えていただきました。それが「かしもの・かりもの」の教理であり、「魂は生き通し」という教えです。

この教えが、自分のものとしてしっかりと治まっている義母や曾祖父の姿は、凛《りん》としてこの上なく清々《すがすが》しく感じられます。
もうすぐ五十三歳になる私ですがまだまだです。明日のために今日を生きる。
願わくはそういう自分になりたいものです。

親のこころ

これは先日、弟が語ってくれた亡き父の思い出話です。

いまから二十数年前、父の運転する車の助手席に弟は乗っていました。その車が信号待ちで止まっているとき、後ろの車に追突されました。軽い接触で大きな事故ではありませんでしたが、気の短い弟はすぐに降りて後ろの車へ向かおうとしました。すると父が「おまえは乗っていなさい」と弟を引き留めました。

それから父は、後ろの車を運転していた青年のところへ行き「どこも怪我《けが》はありませんか。大丈夫ですか」と問いかけました。

その青年は、ひたすら恐縮して「私は大丈夫です。本当にすみませんでした」と詫《わ》びるばかりです。父は「それはよかった。これからは気を付けて運転してくださいよ」とだけ言って自分の車に戻ってきました。

その父に対して弟が「相手が百パーセント悪いんだから、ちゃんと補償してもらうべきじゃないですか」と問いつめると、父は次のように答えたそうです。「おまえをはじめ、私の子供たちもいずれ車を運転するようになるだろう。そうすると、どの子かが事故を起こすかもしれない。今日のように、自分は気を付けていても避けられない事故もある。そのとき、事故の相手がどういう人物かで状況はずいぶん違ってくる。小さな事故でも、相手が悪いと拗《こじ》れて大変なことにもなりかねない。だから万一子供が事故に遭《あ》ったときは、せめて相手が〝良い人〟であるように、お父さんが当事者のときは、相手が『この人でよかった』と思ってくれるように心がけているんだよ」

法律的にこの対応が正しいのか、また信仰的にこの解釈が正しいのかは分かりませんが、私はこの話を聞いて、「親とは、そこまで子供のことを思ってくれるのか」と、あらためて亡き父に手を合わせました。

思えば、私自身が経験した二度の交通事故の相手は、どちらも間違いなく〝良い人〟でした。

今月の十九日で、父が出直してから満五年になります。父の背中を懸命に追いかけている私ですが、また一歩引き離されてしまいました。

成長してますか？

先日『すきっと』（第11号）の取材で、俳優の滝田栄《たきたさかえ》さんにお会いしました。滝田さんは、ＮＨＫの大河ドラマ『徳川家康』などで主役を務め、その重厚な演技が高く評価されている役者さんです。

その滝田さんが「いま俳優として終わってしまってもいい、死んでもいい、というほどの感動を味わい続けた」と言われるのが、ミュージカル『レ・ミゼラブル』でした。原作は『ああ無情』（邦題）という小説です。

「人間が人間として成長し、静かに死んでいった。駄目な男がある日、心を入れ替えて、良く生きようと心の底から決意し、懸命に生きた。それだけの話なんですが、舞台が終わると観客の皆さんが全員立ち上がり、滂沱《ぼうだ》の涙を流しながら拍手をしてくれる。三十分も止まらないんです。それを十四年間経験しました」

こうして最高の満足感をもって舞台を降りた滝田さんですが、「私が演じたジャン・バルジャンのごとく、私自身も人間として成長したんだろうか?」という問いかけが彼の心に浮かびます。そして、その答えが「あんな立派な人を演じて、多くの人に感動してもらったけれど、〝滝田栄〟という実体は全く変わっていない」というものでした。

さて、私はどうなんでしょう。

教会長として、また修養科、教会長資格検定講習会、基礎講座等々の講師として、教祖の教えをたくさんの人にお話しさせていただきながら、私自身は成長しているのだろうか。いくら話が上手《じょうず》になっても、それが成人ではないし……それを確かめる方法は？

にち〳〵にすむしわかりしむねのうち
せゑぢんしたいみへてくるぞや
（六 15）

と「おふでさき」にありますから、教祖のひながたについて何か見えてきたかということが、成人の物差しになるのかもしれません。

そこで振り返ってみると、それまでは見えなかった教祖のお心が、ほんの少しですが見えたようなことも幾度かあったように思います。そしてそれは、ことごとくおたすけの場でした。つまるところ、おたすけの積み重ねに尽きるということでしょう。

自問の後、滝田さんはインドへ渡り、そこで二年間自分を見つめ直す日々を過ごします。その結果分かったことは「俺《おれ》ってバカだなあ」だったそうです。

屈託のない清々《すがすが》しい笑顔に魅《み》せられた、楽しいインタビューでした。

葛藤保持力

十七歳のとき家を出て、名古屋で一人暮らしをしていた娘が八年ぶりに帰ってきました。

生後十カ月になる孫に、真夏の花火のような娘が加わって、わが家の食卓はとっても賑《にぎ》やかです。

ごく普通のかわいい女の子だった娘が、中学二年生になって突然荒れ始めました。授業を抜け出す、学校をサボる、夜遊びを繰り返す。二、三日帰らない

〝プチ家出〟も何度かあって、警察に捜索願《ねがい》を出したこともありました。

卒業後はおぢばの高校に入学しましたが、ここも三カ月で飛び出してしまいました。

その後、地元の遊び仲間とフラフラしていましたが、名古屋に住む娘の親友が「大検（＝大学入学資格検定）を受けたら」とアドバイスをしてくれました。彼女も高校を退学して受験し、すでに大学入学資格を得ていたのです。

娘もこのまま地元にいては駄目だと思ったのでしょう。早速、彼女を頼って名古屋へ向かいました。アルバイトをしながら大検に合格。それからも名古屋に残り、結局八年を過ごしました。

子供を持っておられる方なら、そのころの私の心境を容易に想像していただけるでしょう。「どうしてこんなことになるんだろう」「なぜ分かってくれないんだろう」「どうしたらいいんだろう」……不安、心配、怒り、迷い、悩み。まさに夜も寝られない日が続きました。そのときに学んだのが「葛藤保持力《かっとうほじりょく》」です。

「子育てをしていて、悩んだり迷ったりすることはよくありますが、悩みや迷いがあることが問題ではなくて、ちゃんと悩んだり迷ったりしないことが問題」

「いろんな葛藤を抱え続けられるということが、大人の条件です」

「迷いを持ちこたえる力、それが葛藤保持力」

これは、臨床心理学の第一人者、亡き河合隼雄《はやお》先生からお聞きした話です。

人は苦しんで葛藤するより、すぐに答えが欲しいもの。学校が悪い、友達が悪い、親が悪い。でも実際はそんな単純なことではありません。悪いかもしれないし悪くないかもしれないと、ずっとずっと考えていく。それはとてもエネルギーのいることですが、そこから逃げては親失格ということになってしまいます。

ちゃんと悩み、しっかり迷う。そういう親であり、そういう教会長でありたい。私の目標です。

強い絆と深い絆

「私って、本当に不良だったんだね」

前回のエッセーを読んだ娘が笑いながら発した言葉に、私たち夫婦は思わず顔を見合わせました。そして、心の底から大笑いをしました。

「葛藤《かっとう》保持力」と立派なことを書きましたが、もちろん当時の私はそれどころではありません。目の前の問題に振り回されるだけの毎日でした。

でも、そんな私が一つだけ心に決めたことがありました。それは、「勝手にし

ろ」という言葉だけは決して口にしない、ということでした。

「私の自由でしょう」「私のことは放っておいて」と言う娘に対して、いつも喉元《のどもと》まで出かかっていた言葉です。

最近の若者はよく「切れる」といわれますが、「勝手にしろ」というのは、親が子供を切る言葉。これを言ってしまったら、親として失格だと思ったからです。

我《われ》ながらよく我慢したものです。しかしいま、親子でこんなに笑い合えるのです。我慢のし甲斐《がい》はありました。

「親子の関係でよく言われる絆《きずな》にも、プラスとマイナスがある。絆はほだしとも言って、しがらみと同義語。ちょっと間違えると、子供の自由を束縛《そくばく》することにもなる」

「絆は強く結ばれるよりも、深く結ばれることが理想。絆を短くして強めるのは、相手をコントロールするということ。絆の糸を長くして深めていくと、相手はとても自由になっていくけれど、ちゃんとつながっている」

これもまた、亡き河合隼雄先生の教えです。

長くて深い絆でつながるためには、相手に対する信頼がなくてはなりません。親だから子供を信頼するのは当然だろう、と言われるかもしれませんが、親だからこそ心配もし、心配するからこそ信じきれない、というのも真実です。

いま思えば、娘は親との絆をできるだけ長くしようと、彼女なりに頑張っていたのでしょう。そんな時間をいっぱい重ねて、私の「信頼」という心も少しずつ培《つちか》われていったような気もします。

ただ、河合先生によれば「本当に信頼しているのと、信頼の真似《まね》をしているのとでは全然違う。そして、その違いは子供に絶対わかる」そうです。
親になるということはなかなか難しいものです。

「僕を見つけて！」

「〽猫は　独特な名前を求めている　もっと　威厳のある名前を　誇り高くいられるために　顔をあげて生きるために」

これはミュージカル『キャッツ』の挿入歌《そうにゅうか》『ネーミング　オブ　キャッツ』です。『キャッツ』は文字通り、猫がたくさん出てくるミュージカルで、人間社会を猫の世界になぞらえて演じられます。

私は「顔をあげて生きるために」というフレーズが好きで、この歌をよく聴

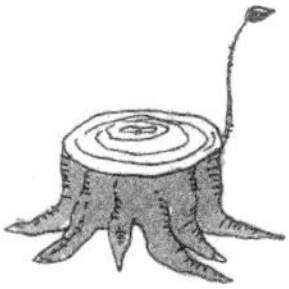

いています。

考えてみれば、私自身もたくさんの名前を持っています。弘長健という氏名のほかに、お父さん、おじいちゃん、夫、会長さん……。

しかし、そのいずれでもなく、本来の自分、丸裸の自分というものがしっかりしていないと、顔をあげて生きることはできません。そして、そのためには心の底から私を愛してくれる人、無条件で私を信じてくれる人の存在が不可欠です。

「お預かりする里子に会うと、どの子も目で私に語りかけてきます。僕を見つけて、私を見ていてと。みな必死で訴えてきます」

先日、山口教区里親会の発会式であいさつされた山口県里親会会長の河内《こうち》美《み》舟《ふね》さんのお話です。

幼子《おさなご》が赤の他人に「僕を見つけて！」と縋《すが》りつく姿を思うと、やるせない気持ちでいっぱいになりました。

子供のころ、かくれんぼをしていて誰《だれ》も見つけてくれないと、逆に寂しい気持ちになったという経験はありませんか。

あるとき私は、上手《じょうず》に隠れていつまでも見つけられなかったので、とうとう痺《しび》れを切らして出ていきました。すると、みんなは私のことをすっかり忘れていて違う遊びを始めていました。

そのときの絶望にも似た悲しさは、いまもはっきりと覚えています。

いつもあの人が私を見ていてくれる。あの人は必ず私を見つけてくれる。だから顔をあげて生きられる。そう実感できる私は、本当に幸せ者です。

だから私自身も、誰かにとっての〝あの人〟でありたいと思います。その人が顔をあげて生きていけるように。

それにつけても、父がいつも言っていた「心配するな、教祖は必ず見ていてくださる」という言葉があらためて身に染《し》みます。

心の力

娘から私に届く携帯電話のメールは、色とりどりの絵文字がたくさん踊っていてとっても賑《にぎ》やかです。おそらく、五十を過ぎた私にも理解できるよう、難易度は下げてあるのでしょうが。

ただ画面を見るだけで、娘が元気だということは感じることができるので、それはそれでなかなか便利なものです。

そういえば、人からの相談事も最近ではEメールがずいぶん増えました。ど

んな相談事でも、最後はちゃんと顔を合わせて話をしなければならないと思っていますが、入り口は少しでも入りやすいほうがいいので、携帯電話やEメールは重宝しています。

ところで先日、いま話題の『おくりびと』という映画を観《み》てきました。お葬式に関《かか》わる納棺師《のうかんし》という仕事を題材にしたお話です。コミカルな演技の中に、命の尊厳や家族の絆《きずな》というものが真摯《しんし》に表現されていて、とても爽《さわ》やかな印象の残る映画でした。

その中で、主人公が妻に河原で拾った石を手渡すシーンがあります。

これは「石文《いしぶみ》」というもので、自分の気持ちにぴったりの石を探して相手へ渡し、受け取った相手が、石の色、形、大きさ、手触りなどから、その人の気持ちを察するというものです。

夫から手渡された石を両手に包み、じっと目を閉じていた妻が、そっと目を開き「ありがとう」と夫に答えます。夫が「どういうふうに感じたの？」と妻に尋ねると、妻は「内緒」と言って、にっこりほほ笑みます。このとき二人の心は確かに通じていました。

電話やEメールはなるほど便利なものですが、その便利さに慣れてしまって、逆に大切なものを失いつつあるとしたら困ったことです。

元来、自分の気持ちを文字や言葉だけで百パーセント伝えることは不可能です。そこに、なんとか伝えたいという心と、一生懸命に分かろうとする心があって初めて、本当の気持ちというものは伝わるのだろうと思います。

便利さは、ややもすると、その心の力を削《そ》いでしまいます。最近、ご主人や奥さんや子供に対して「いったい何を考えているのやら」とぼやいてしまうことはありませんか。それは心の力が衰えている兆候かもしれません。

私もあらためて、もっと心の力を鍛えなくてはと感じています。いまからでもまだ遅くはないはずですから。

「無くて七癖」というけれど

人には皆それぞれ癖《くせ》というものがあります。その中には、良い癖も悪い癖もあるでしょう。

教祖のご逸話に「癖、性分を取りなされや」というお言葉があります。ここで仰せくださっているのは、もちろん悪い癖のことに違いありません。

若いころの私には、とても恥ずかしい癖がありました。それは、父から用事を言いつけられるときのものです。父は私に用事を頼むとき、まず「〇日は空いているか?」と尋ねるのが常でした。

当時の私は、いまのように手帳が予定で埋まるということはなかったので、その日が空いているかどうかすぐに分かります。予定が決まっていれば、「その日は何々の予定が入っています」と答えるのですが、そうでない場合は、「何ですか?」と問い返してしまうのです。

「その日は空いています」と答えればいいのに、なぜかその言葉が出てきません。いまになって思えば、用事の内容次第では答えを選べるようにという少し姑息《こそく》な気持ちがあったのでしょう。

あえて申し上げておくと、私は「親に素直」ということを信条にしようと真剣に思っていましたし、父はその思いを向けるにふさわしい尊敬すべき親でした。それにもかかわらず、「何ですか?」と問い返してしまう。まさにこれが、私の取らなくてはならない癖性分だったということでしょう。

いま、人に用事をお願いすることが多い立場になって、あらためてこのことを思い起こします。「はい」と即答してもらうことがどれほどうれしいことか。

以前、教会長任命講習会で講師の先生から「神一条とは都合を捨てることである」と聞かせていただきました。それは『天理教教典』第一章に記されている「あるゆる人間思案を断《た》ち、一家の都合を捨てて、仰せのままに順《したが》う旨を対《こた》えた」という一節に基づくお話でした。

ご承知のように、これは立教の元一日、「みきを神のやしろに貰《もら》い受けたい」とのご神言に対するお答えです。

信仰のためにどれだけ都合を捨てることができるか、これが成人の物差しであるというお話は、私の心にすっと治まりました。

それ以来、これが私の成人目標です。とはいえ、私の癖性分はまさに都合を捨てきれないというものですから、これは簡単なようでとても難しい目標です。やはり、まずは「はい」という素直なひと言からですね。

「重たい荷物を背負いなさい」

「それは言葉が軽いからです」

私が子供の事情で心を痛めていた時期、ご相談をした会長さんから聞かされたお話です。

「子供が親の話を聞こうとしないのは、親の言葉が軽いからです。軽い言葉は相手の心に届きません。最近、あなたと同じような相談をされる方が増えました。子供が親の言うことを聞かない、信者さんが会長の話を聞いてくれない、

部下が上司の話に耳を貸さない等々。皆同じことで、言葉が軽いのです」

　とても耳の痛いお話でした。それで、「どうすれば、重たい言葉を出せる親になれるのでしょうか？」とお尋ねすると、「それはあなたが重たい親になればよろしい。軽い親からは、軽い言葉しか出てきませんよ」という答えが返ってきました。

　私は重ねて、「では、どうすれば重たい親になれますか？」とお尋ねしました。その答えは「重たい荷物を背負いなさい」というひと言でした。

「みかぐらうた」に、

　いつ〳〵までもつちもちや
　まだあるならバわしもゆこ
（十一下り目五ッ）

とあるように、自ら求め、自ら実行していく。これがご恩報じのあるべき姿であり、この道の信仰です。

そのことは私もよく分かっているつもりでいたのですが、先日「近ごろは、まだあるならばおまえ行け、というような横着者が増えた。段取りや仕事の割り振りばかりが上手《じょうず》で、自ら進んでお役を担おうという心を持たない者は、教祖のお役に立つようぼくとは言えない」と、ある先生から厳しいお仕込みを頂きました。

いまの私は、教会長という立場上、多くの皆さんにいろいろな仕事をお願いしなくてはなりません。それも、できるだけ上手に割り振りをすることが求められます。

しかしそれには、まず私自身が精いっぱい御用を担うということが大前提でなければなりません。

父親としても、教会長としても、まだまだ背負う荷物が軽過ぎるということを見事に見透《みす》かされたお話でした。

重たい親になりなさい、と助言してくださった会長さんが、「なんとも軽い親が増えたなあ」と嘆くようにおっしゃった最後のひと言が、いまも耳の奥で響いています。

万事機嫌よく

「喜」

立教一七二年（二〇〇九年）

実行してこそさんげ

　昨年末、ある信者さんから「『天理時報』のエッセーを読んで、私も背負う荷物が軽過ぎたと反省しました。これからはどんな御用も、はいと素直に受けさせていただきます」というお手紙を頂きました。

　それはちょうど編集部から執筆延長を打診されて、返答を渋っていたときで、お尻をピシッと叩《たた》かれた思いでした。

　一年間このエッセーを書いてきて気づいたのは、私は今日まで本当に多くの

方々から、たくさんの教えを頂いて生きてきたということでした。

父はよく「親は子供に徳を残してやることはできない。徳もいんねんも、積んだ本人が来生に持っていくんだ。親が子供に残してやれるのは働き場所だ」という話をしてくれました。

以前はその意味がよく理解できませんでしたが、教会長となったいま、少し分かったような気がします。

父の言う働き場所とは地位や立場のことではなく、私を取り巻く人々のことではないでしょうか。そう考えると、私は本当に素晴らしい人たちに囲まれてお道の御用をさせていただいています。まさにそれは、父が残してくれた生き甲斐《がい》に溢《あふ》れた働き場所です。

と、そこまでは父のおかげですが、その場所でどのように働くかは私の責任です。どれだけ多くの人たちから教えを受けても、それが自分自身の生き方につながらなければ全く意味がありません。「いいお話を聞いた」ということが成人ではありませんから。

「おさしづ」に、「さんげだけでは受け取れん。それを運んでこそさんげという」（明治29年4月4日）とのお言葉があります。

いくら立派な思案ができても、実行が伴わなければ親神様に届かない、と私は解釈しています。

そういえば、以前のテレビコマーシャルに「反省だけなら猿でもできる」というフレーズがありましたね。実際、そういう場面のなんと多いことか。

それを思えば、私がいま『天理時報』のこのコーナーを担当して皆さんに読んでいただけるのは、本当にありがたいことです。冒頭の信者さんのように、私のさんげを実行に移す後押しをしてもらえるのですから。

実は父も生前このコーナーでエッセーを書いていました。これも父の残してくれた働き場所です。

伝聞の力

「褒《ほ》め言葉は本人よりも周りの人に言いなさい。不満や怒りは直接本人に言いなさい」

以前、ある本で読んだ学者の言葉です。それは「伝聞の影響」について書かれた本でした。

言葉とは本当に不思議なものです。同じ言葉でも、直接聞くのと人から噂話《うわさ》として聞くのとでは、ずいぶん印象が変わります。

たとえば「君はよく頑張っているね」と褒められると、やはりうれしいものですが、ほかの人から「彼が君のことをずいぶん褒めていたよ」と聞かされると、もっとうれしく感じたりするものです。

逆に「あの人が君に酷《ひど》いことを言っていたよ」と、第三者の口を通して聞かされると、余分な憶測が加わって、相手に対する心証も変わってしまいます。また、何げないひと言が人の口から口へ伝わって、思いがけないほどの悪口に変わって届いてしまった、という経験をお持ちの方もおられるでしょう。

私が師と仰ぐN会長さんには息子さんがたくさんおられて、みんなステキなお嫁さんと結婚されました。そのお嫁さんたちが口を揃《そろ》えて言われるのは「夫も良い人だけれど、お義父《とう》さんはもっと素晴らしい人です。こんなお義父さんと家族になれて幸せです」という言葉でした。

お嫁さんにこれだけ慕われるお舅《しゅうと》さんというのも羨《うらや》ましい限りですが、N会長さんを知る者にとっては「それも然《しか》り」です。

私には、それに加えて「なるほど」と思う事柄がありました。N会長さんは至るところで「息子たちの嫁は、みな本当によくやってくれます」「よく気の付く良い嫁が来てくれました」と、うれしそうに話しておられたのです。

お嫁さんたちに直接褒め言葉を言っておられたかどうかは分かりませんが、N会長さんの心は〝伝聞〟として、お嫁さんたちにしっかりと伝わっていたことでしょう。

思えば、謙譲の美徳を重んじる大正生まれの男性としては珍しく、N会長さんからは「愚妻」という言葉も「愚息」という言葉も聞いたことがありません。おっしゃるのは「よくやってくれる」という感謝の言葉です。

ある直会《なおらい》の席で、N会長さんの奥さまに「生まれ変わっても、またご主人と一緒になられますか?」とお尋ねすると、ニコリと笑って「当たり前でしょう」と即答でした。

わが師は、まさに人を勇ませる達人でした。

「ああ、おいしいなあ」

先日、テレビで糖尿病の特集番組をやっていました。

その番組を見てショックだったのは、胎児が糖尿病予備軍になるという話でした。

戦争中、ナチスドイツに占領されたアムステルダムでは食料がなくなり、妊婦さんも栄養を取ることができませんでした。そのとき、栄養が少なくても生きられるように脳にインプットされた胎児が、生まれてから十分に栄養を取れ

る生活の中で、糖尿病を発病するようになったというのです。

これは戦争が招いた悲劇ですが、実は同じようなことが日本でも起きています。もちろん日本の場合、飢餓《きが》が原因ではありません。日本では、ダイエット願望を持つ妊婦さんが増えていて、太らないようにと必要な栄養を取らないのだそうです。そうすると、お腹《なか》にいる胎児が糖尿病予備軍になってしまうという恐ろしい話でした。

メタボリック・シンドロームが社会的問題となる一方で、妊婦さんの栄養不足が心配されるいまの日本。いったいどうなってしまったのでしょう。

「おさしづ」に「慎《つつし》みが理や、慎みが道や」（明治25年1月14日）というお言葉があります。先に述べたいずれの場合も、慎みの心を忘れてしまった姿に思えてなりません。

数年前八十八歳で出直されたM先生は、とても美しく食事をされる方でした。先生は晩年に至るまで、よく食べよく飲まれる方でしたが、鯛《たい》の刺身であろうが野菜の煮物であろうが、必ず「ああ、おいしいなあ」と言葉にされるのです。お茶を飲んでも「ああ、おいしい」、お酒を飲んでも「ああ、おいしい」。そして、お酒が自分の適量に達すると、「ごちそうさま」と言って、静かに杯を伏せられるのです。

その様子はまことに潔《いさぎよ》くもあり、ほほ笑ましくもあり、料理もお酒もきっとうれしいだろうなと感心させられたものです。

先生は、一緒に食事をしているお孫さんが黙って食べていると、「おまえたちは、お母さんの料理がおいしくないのかい」と聞いて、「おいしかったら、ちゃんとおいしいと言いなさい」と仕込まれたそうです。

慎みとは、贅沢《ぜいたく》しないとか控えめにするということよりも、まず感謝の心を持つということが大切なのでしょう。

神様のお下がりを毎日いろいろ工夫しながら料理してくれている教会のご婦人さんたち、今日もおいしかったですよ。

「させていただきましょう」

「寮の幹事さんが口癖《くちぐせ》みたいに『させていただきましょう』『させていただきましょう』って言うのよ。それが大げさで、おかしくって」

娘が親里高校（当時）へ入学したときの感想です。「させていただきましょう」というのは、もちろんひのきしんのことです。

娘の言葉を聞いたとき、正直言って私は愕然《がくぜん》としました。

子供たちには小さいころからひのきしんを教えてきました。ですから息子も

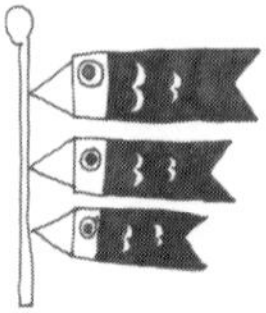

娘も、庭木の剪定《せんてい》であろうが食後の洗い物であろうが、当たり前のようにしてくれます。しかしながら、ひのきしんをするということは教えたけれど、肝心の「なぜするのか」をちゃんと教えていなかったのです。

「ひのきしんとは、日々に親神様から頂戴《ちょうだい》するご守護に感謝する心を、日々の行為に表すこと」と聞かせていただきますから、当然、ひのきしんは「させていただく」ものです。でも、娘にとってのひのきしんは、家が教会だから、しなくてはいけないものだったのでしょう。

まさにそこがひのきしんとボランティアの違いであって、根底にご恩報じの心がなかったらひのきしんではなくなるし、逆にその心さえあったら、どんな些細《ささい》な行為でもそれは立派なひのきしんになります。

ただ、ならば何でもいいのかというと、そうはいきません。

少し前のことですが、食堂で私がコーヒーをこぼしてしまいました。慌《あわ》てて布巾《ふきん》で拭《ふ》いていると、一歳になったばかりの孫が粘着テープのローラーを持ってきて、こぼれたコーヒーの上をコロコロとやり始めました。もちろんそれで綺麗《きれい》になるはずはありませんし、汚れを広げるばかりです。

でもそれを見た私は、こんなに小さな子供でもお掃除をしようと思っているんだなと、とってもうれしく感じました。

しかしそれは、孫が一歳の幼児だからです。もし、この子がもう少し大きくなって同じことをしたら、今度は叱《しか》るでしょう。

心を受け取っていただくのがひのきしんですが、それは自らの成人や頂戴したご守護に応じたものでなくてはなりません。いつまでも同じところで足踏みをしていては、かえって親に心配をかけてしまいます。

成人とともにご恩報じのあり方も成長する、そんな信仰者になりたいものです。

信じる心

先日『すきっと』（第13号）の取材で、オカリナ奏者の善久（Zenkyu）さんにお会いしました。

彼は教会の鼓笛隊で音楽の素晴らしさにふれ、そこからまっしぐらに音楽の道へ進みます。

東京音楽大学では管楽器を専攻した彼ですが、ひょんなことからオカリナと出合い、その魅力にすっかり取り憑《つ》かれてしまいました。いまでこそ四百人の

生徒を指導し、国内外で幅広く活躍しておられる音楽家ですが、そこまでの道のりはとても厳しいものでした。

「当初は音楽での稼ぎなんかありませんから、生活は妻の給料に頼っていました。もういい加減に諦《あきら》めて普通の仕事に就《つ》いたらどうだ、と言われることもありましたが、そんな僕を父だけは信じてくれていました」

と、教会長であった亡きお父さんの思い出を語ってくれました。

物事に立ち向かおうとするとき、人からの信頼ほど心強いものはありません。しかしその一方で、人を信じるということはなかなか難しいことです。

人というものは、他人に対しても自分に対しても、小さな嘘《うそ》をつきながら生きている、と私は感じています。

知らずしらずのうちに使ってしまうのが「ほこり」の心づかいだと、お教えくださっていますから、それも仕方ないことですが。

特に子育ての場面においては、そのことを痛感します。わが子を信じてやるということの大切さは十分承知しながらも、約束したことを子供が実行しないと嘆く親は、私だけではないでしょう。

まあ、神様に対しての約束を果たせずに、いつもお詫《わ》びを申し上げている私もここにいるのですが。

善久（Ｚｅｎｋｙｕ）さんのお父さんは、ご自身が息子を信じてやるだけでなく、教会の信者さんにも頭を下げて、「いつか必ず役に立つ日がくるから、息子を信じて支えてほしい」とお願いをされたそうです。それだけでなく、善久（Ｚｅｎｋｙｕ）さんが演奏家になられてからは、息子のために大教会への日参を続けられたのでした。

以前、ある方から「よく、信じていたのに裏切られたと腹を立てる人がいる。それは信じきる心になっていないからだ。本当に信じるというのは、たとえ裏切られたような結果が表れても、すべて自分の責任として受け入れることだ」と聞かされたことがあります。

信じる心をまだまだ磨かねばなりません。

親にとっての喜び

平成二十年二月三日号から、このエッセーを書き始めたのですが、一回目は生まれたばかりの初孫（男児）が題材でした。先日、その孫に弟ができました。面白いことに、私も長男も、そして孫も、それぞれ二年と空かずに弟が生まれています。

私と弟は子供時代、よくケンカをする兄弟でした。母親からは「おまえたちほどケンカをする兄弟は見たことがない」と叱《しか》られたものです。

しかしいま、私にとって弟は無くてはならない大切な相棒です。小さいころからスポーツが得意だった弟と、本の虫だった私。性格も歩んだ人生経験も全く違いますが、だからこそ、私の足りないところや苦手なところをカバーして、目いっぱい支えてくれています。

私の息子たちも子供のころはよくケンカをしました。それこそ家内は「家が壊れるから、ケンカをするなら外へ出てしなさい」と叱ったものです。

そんな息子たちも、その一人が深刻なトラブルに陥《おちい》ったときから様子が一変しました。あんなにケンカをしていた兄弟を、なんとかたすけようと一生懸命になってくれる子供の姿を見て、親として計り知れない頼もしさを感じたものです。

そのとき私は、親にとって何が一番うれしいのかを学びました。それまで親としての喜びは、なんといっても子供の親孝行だと思っていましたが、親にとっての真の喜びは、子供のたすけ合う姿を見ることだと知ったのです。

いくら素晴らしい親孝行をしてくれても、子供たちにたすけ合う心がなかったら、親としてこんなに情けないことはありません。それくらいなら、少々親孝行は下手《へた》でも、互いにたすけ合う子供であってほしいというのが、親として偽りのない願いです。

「おふでさき」に「人たすけたらわがみたすかる」（三号47）と記されていますが、これは、ただたすかるための条件ではなくて、まさに親神様の子供である私たち人間が互いにたすけ合う姿こそ、親神様が親として一番喜ばれることである、ということを教えてくださっているのだと思います。

今日、孫の弟くんが母親と産院から帰ってきます。どうかこの子たちも仲良くたすけ合う兄弟に育ってくれますように。

近ごろの若い者は

七月二十一日、私の住む山口県を大雨が襲いました。ちょうど月次祭の最中で、鳴物の音もかき消されるほどの凄《すさ》まじい豪雨でした。この大雨で、県の中央部に当たる防府《ほうふ》市一帯が大変な洪水被害に見舞われ、翌日から早速、災救隊（天理教災害救援ひのきしん隊の略称）が出動して救援ひのきしんが始まりました。

私が息子と一緒に向かったひのきしんの現場は、川から流出した土砂に埋も

れた民家でした。家屋の隅々まで流れ込んだ土砂をスコップでかき出し、一輪車で運び出すという作業です。

まだ現役の青年会員だったころは、細身ながらも仲間と一緒にバリバリひのきしんをしたものですが、骨と皮と内臓脂肪といういまの私には、なかなかキツイ作業でした。

当日は日曜日ということもあって、一般ボランティアとして七百人を超える人々が参加していました。学生や若い社会人も多く、女性の姿も目立ちました。その人たちが酷暑《こくしょ》もいとわず、いそいそと救援活動にいそしむ様子は、とても清々《すがすが》しいものでした。

昨今の新聞やテレビでは、若者の事件や問題が頻繁《ひんぱん》に取り上げられていますが、いやいや日本の若者、捨てたものではありません。

それと比べても、お道の若者の頼もしいこと。当日、私と一緒にひのきしんに出ていた青年会の連中には正直、脱帽です。若いから体力があるのは当たり前ですが、ひのきしんをする態度がとにかく前向きで明るく、そのうえとても自然なのです。素直な信仰者とは彼らのことをいうのだと実感しました。

教勢の伸び悩みからお道の将来を不安視する声も時折聞きますが、青年会や学生担当委員会で若者たちと関《かか》わってきた私には、彼らが担っていくこれからのお道が心から楽しみです。

にち〳〵に心つくしたものだねを
神がたしかにうけとりている
しんぢつに神のうけとるものだねわ
いつになりてもくさるめわなし

たん〳〵とこのものだねがはへたなら
これまつだいのこふきなるそや
（おふでさき号外）

とお教えいただいています。

今日までの長い年月、どれだけの真実が尽くされてきたかを考えれば、頼もしい芽がこれからますます生えてくるのは間違いありません。

それにつけても、近ごろの若い者は良い。とても良い。

負けられる心

「一手一つの喜び溢《あふ》れる教会」

これは、私が教会長のお役を頂いたときに掲げた目標です。

「一手一つに皆結んでくれるなら、どんな守護もする」（明治31年1月19日）と「おさしづ」にありますから、教会にとって一手一つは絶対に欠かせない条件です。

『天理教教典』には「いかに多くのものが相集《あつま》つても、一手一つの理を欠くならば、親神に受け取つて頂けない」（第十章「陽気ぐらし」）とも記されていますから、なおさらです。

しかし実際にその思いで取りかかってみると、一手一つのなんと難しいことか。

立場上、教会の事情や家庭の問題など、たくさんの相談を聞かせていただきますが、その原因の多くに一手一つの崩れが見られることには、いささか驚きでした。

どちらも穏やかな人なのに、兄弟同士が治まらない。どちらも熱心な信仰者なのに、会長さんと役員さんが治まらない。夫婦が治まらない。親子が治まらない……。数え上げれば切りがありません。

そういう相談を受けて一番困るのは、ほとんどの場合どちらも正しいということです。少なくとも双方に一理あるから治まらない、というのが実際です。

そうした中で私は、勝ち負けの心、損得の心が一手一つを壊してしまうと感じています。

「どうして私がやらなければいけないのか」「どうして私が譲らなければいけないのか」……。どなたも自分が正しいと思っているのですから、それも仕方がありません。

夫婦や親子で勝ち負けはないだろう、と言われるかもしれませんが、いやいや、毎日勝負しておられるご夫婦もおられますから。

では、一手一つを創《つく》るのはどういう心でしょうか。それこそ「誠一つが天の理」とお教えいただくのですから、誠の心に違いありません。

ところで皆さんは、誠の心とはどんな心だとお考えですか。正直、私も以前は漠然とした理解しかありませんでしたが、「おかきさげ」の「誠の心と言えば、一寸《ちょっと》には弱いように皆思うなれど」という一節を読んで、まさに目から鱗《うろこ》が落ちる思いがしました。

皆が弱いように思う心ですから、決して相手を打ち負かす心ではありません。あえて言えば、相手に負けてあげられる心というのが近いかなと、いまは思っています。

とはいえ、「はいはい、あなたが正しい、私が悪い」という開き直りは、ますます一手一つから遠ざかってしまいますから、くれぐれもご注意を。

夫婦と「笛と琴」

前回に続いて「一手一つ」のお話です。

私たちお道の信仰者にとって、一手一つが最も求められるのは、やはりおつとめでしょう。音を合わせ、リズムを合わせ、動作を合わせる。おつとめには合わせる心が欠かせません。

以前、ある先生からおつとめの講義を受けたとき、笛と琴の関係について聞かせていただいたことがあります。

「おつとめの鳴物の中で、笛と琴と三味線と胡弓《こきゅう》は、音を合わせなくてはなりません。そのためには、まず笛に琴を合わせます。なぜなら、笛は音程が決まっている楽器で、琴はどんな音程にも合わせることができる楽器だからです。しかし、琴が笛に合わせるのはおつとめが始まる前までで、おつとめが始まったら今度は笛が琴に合わせます。それは笛という管楽器の性質によるもので、吹き始めると少しずつ音程が変わっていくからです。一方、琴はいったん音程を合わせたら、なかなか変わることはありません」

教祖は、笛を男鳴物、琴を女鳴物と教えてくださいました。これを夫婦に当てはめると、とても意味深いものを感じます。妻が夫に合わすべきとき、夫が妻に合わすべきとき、それをよく見極めることが重要だということでしょうか。もちろんそのためには、お互いが〝わが事〟として考えなくてはなりません。

「いまは相手のほうが冷静で、正しいのではないか」と素直に自分を見つめることが大切です。間違っても「いまは私のほうが正しいから、私に合わせてもらわなくては」と一方的に相手を責める考えでは、決して一手一つにはつながりません。

ここで、もう一つ。琴は音程の変わりにくい楽器ですが、琴柱《ことじ》を立てたままにして何日も置いておくと糸が伸びてしまって、やはり音程は変わります。ですから、おつとめが終わったら、その都度、琴柱を片づけて元へ戻します。そしてまた笛に合わせるところから始めるのです。笛はおつとめが終わって管の熱が冷めると、ちゃんと正しい音程に戻っていますから。

家族でも教会でも、一手一つをつくり上げるためには、何度も何度もお互いが合わせる努力を続けていかねばなりません。

最初に合わせたから大丈夫だと高を括《くく》って合わせる心を失うと、一手一つは瞬《またた》く間に崩れてしまいます。教会長のお役を頂いて、なおさらそのことを実感しています。

もう一歩前へ！

いまから三年前の平成十八年十月二十一日、わが教会の秋季大祭に前真柱様がお越しくださいました。

前真柱様はその前月、韓国へ巡教されていて、その直後のお入り込みでした。私は以前から、韓国における素晴らしい教勢の伸展に敬服していたので、前真柱様に「韓国の教友は、私たちとどこか違うところがありますでしょうか？」とお尋ねしました。

すると、「何も違わないよ」というお答えでした。その後、ちょっとお考えになって、「そういえば一つだけ違うところがあった。韓国の信者さんは、教会に参拝されると、皆さん一番前から座られる。日本国内の教会ではなぜか後ろから座られる方が多い。そこが違うかな」と笑いながらお話しくださいました。

そのお話を聞いて、これなら真似《まね》ができると思わず心の中で手を打ちました。

「そっちで力をゆるめたら、神も力をゆるめる。そっちで力を入れたら、神も力を入れるのやで」（『稿本天理教教祖伝逸話篇』一七四「そっちで力をゆるめたら」）

とお教えいただくように、親神様のご守護は単純明快です。ご守護を頂こうと思ったら、一歩でも二歩でも親神様に近づくことです。

おそらく私たちの初代は、無い命をおたすけいただくために、人を掻《か》き分けてでも親神様に近づきたい、教祖のお側《そば》に寄りたいと、前へ前へ進んでいったことでしょう。

ところが今日、結構なご守護を頂いている私たちは、いつしかその姿勢を忘れて、後ろのほうから眺めているだけの信仰者になってしまったのではないかと思い至ったのです。

参拝場の前と後ろで頂けるご守護に差が出るわけではありませんが、心の姿が態度や行動に表れるのも事実です。残念ながら、わが教会でも参拝者は当然のように参拝場の後方に固まっていました。こんなことで親神様に力を入れていただきたいと願うほうが間違っています。

私は、教会を挙げて前へ前へと進む信仰姿勢を取り戻そうと皆さんに訴えました。まず何をおいても、信仰者にとって命ともいえる、おつとめに対する姿勢です。おつとめ奉仕者も参拝者も、皆がもう一歩前へ進む心で勤めさせていただこうとお願いしました。

現在では、早くから前のほうに座ってくださる参拝者がずいぶん増えましたし、おつとめ奉仕者の姿勢も変わってきたように感じます。

「そっちで力を入れたら、神も力を入れるのやで」とお約束くださるのですから、さあ、これからが楽しみです。

万事機嫌よく

「絆」

立教一七三年（二〇一〇年）

オヤシラズの憂鬱

「先生、右ですよ！」
「あっ、そうだったわね」
昨年十二月、広島大学病院でオヤシラズの治療をしてもらいました。私の場合、かなり変則的な生え方をしているということで、治療説明書には「抜歯」ではなく「手術」と書かれていました。
担当の若い女医さんから、事前に「この歯は簡単に抜くことができないので、少しずつ削って割れ目をつくり、砕《くだ》きながら取り除くことになります。それから、術後一、二週間は痛みや痺《しび》れが残ることがあります。人によっては痺れが数カ月続くこともあります」と聞かされ、とても憂鬱《ゆううつ》な気分で治療台に座りました。

顔に口元だけ開いた布を掛けられて手術開始です。「麻酔をしますね」という優しい声とともに、左下の歯茎《はぐき》がチクッとしました。冒頭の会話はそのときの医師と看護師の会話です。そう、私のオヤシラズは右下なのです。

そんな出だしでしたから、私はもう緊張しっ放しで、まさに恐怖の一時間を体験しました。麻酔のおかげでほとんど痛みは感じないのですが、キーンという削る音や、ゴリゴリと砕く音が耳元で続くのですから、たまったものではありません。一年の締めくくりがこれなのかと思うと、気持ちは滅入《めい》るばかりです。

しかし翌日には痛みも痺れもなく、部内教会の祭典で、てをどりも地方《じかた》も講話もちゃんとつとめられたので、治療は大成功ということでしょう。女医先生の技量も疑いの余地はありません。

さあ、大切なのはここから何を悟るかです。まず思い至ったのは、誰《だれ》にでも失敗や間違いはあるということ。でもそのとき、ひと言忠告してくれる人がそばにいて、その声を素直に聴くことができれば大事には至らないということです。

今月二十六日で私の教会長歴は九年になります。今日までなんとか務められたのは、たくさんの人の声を頂いたおかげです。しかし十年目に入り、だんだんと高慢の心が芽生えてくると、その声が聴けなくなってしまうぞ、というお知らせに違いありません。

自分に対する意見や忠告を素直に聴けなくなってしまうと、人は決して機嫌よく生きていくことはできません。

今年も一年、万事機嫌よく。

時間のお供え

「大根、白菜、リンゴ、ミカン……。月次祭にはいろんな物をお供えする。では、親神様が一番喜ばれるお供え物は何だと思う？ それは自分自身だ。自分自身が月次祭でおつとめを勤めることだ。それは身体《からだ》をお供えするということであり、かけがえのない時間をお供えするということ。大根なら、買って届けることもできる。お金なら、借りて送ることもできる。しかし、時間は買うことも借りることもできない。だから都合をつけ、教会へ足を運び、おつとめを

勤めるということは、何よりも尊いことなんだ」

亡き父の教えです。そして父は「大根をお供えしたら、大根のお下がりを頂く。ミカンをお供えしたら、ミカンのお下がりを頂く。当然、時間をお供えしたら、時間のお下がりを頂く。これが天の理だ」と話してくれました。

時間とは、まさに命そのものです。また、出会いも時間に大きく関係しています。父は、それを「精緻《せいち》なるタイミングのご守護」と言っていました。人との出会い、事故との遭遇《そうぐう》……、すべて微妙なタイミングに支配されています。自分にとって大切なあの人とも、ほんの少しタイミングがずれていれば出会っていなかったかもしれません。逆に、車を運転していて、わずか数秒、時間がずれたおかげで命拾いをしたということもありました。

また、家出した子供をひと晩中捜し歩いて、やっと駅前で見つけたときは、とても偶然とは思えませんでした。どちらも動き回っているのですから、ほんの少し時間が違っただけでも、決して出会うことはできなかったでしょう。

時間のお与え、タイミングのご守護を頂くということが、幸せな人生を生きるためにどれほど大切なことか、皆さんもよくお分かりでしょう。そのために、かけがえのない時間をお供えするのです。

まずはおつとめ、そしておたすけ、教会の御用……。親神様のための時間をどれだけお供えできるかが重要です。

私が子供のころ、毎日のおつとめに参拝することだけは父に厳しくしつけられました。いくら見たいアニメの放送があっても駄目です。いま思えば、私に時間のお供えをさせてくれていたのでしょう。

私が父から教《おそ》わった「縦の伝道」の基本です。

斜めの人間関係

「子育てには、オジサンが必要なんですよ。もちろん子育ての中心は親ですが、そこにオジサンやオバサンが加わることによって、その様子はずいぶん変わります」

テレビから流れるコメンテーターの発言に、ちょっと興味を引かれました。

親子が「縦の人間関係」だとすると、そこから少しずれた「斜めの人間関係」が大事だという話です。この「斜めの人間関係」という言葉は、東京の区立中

学校で初めて民間人校長となられた藤原和博さんが、家庭教育と学校との関《かか》わりの中で提唱された理念でもあります。

私自身が一番影響を受けてきたのは、もちろん父親からです。しかし、これまでの過去をあらためて振り返ってみると、私にもたくさんのオジサン、オバサンがいてくれたことに気がつきます。

幼少の私にカエルの捕まえ方を教えてくれたのは、教会に住み込んでいた青年さんでした。中学生の私に、安物のプレーヤーでモーツァルトの世界を覗《のぞ》かせてくれたのは、教会に下宿していた大学生のお兄さんでした。青年になった私に、陽気ぐらし世界建設への夢を熱く語ってくれたのは、部内教会の会長さんでした。

また、私が青年会本部で機関誌の編集に携わるようになったころ、事あるごとに、とても貴重なアドバイスを下さった、当時『読売新聞』の記者だったOさんも、『産経新聞』の記者Iさんも、大学で父と同級生だった方たちです。

そうした人たちのおかげで、私は今日までずいぶんと有意義な人生を送ってこられたと思います。それとともに、親子という縦の関係だけでは、決して理解できなかったであろう父の一面も、その人たちを通して知ることができました。私の父に対する敬愛の念も、その人たちのおかげでずいぶん深くなったと思います。

一方、自分自身を親という立場で見るとき、わが子に対して精いっぱいの愛情を注ぎながらも、不安と力不足を感じてきたのも事実です。そんな自分にとって、斜めから上手《じょうず》に力を添えてくれる人がたくさんいたということは、本当に心強く、幸せなことでした。

もちろん、わが家が教会であったということも、その大きな要因です。会長さんや奥さん、信者さんが、それぞれにオジサンやオバサンの役を務めて人を育てていく。私は、ここにも教会の大きな役割があるように思います。

私自身も遠い将来、「うちの教会にはいいオジサンがいたな」と言ってもらえるような教会長でありたいものです。

脱線する勇気

先日『すきっと』（第15号）の取材で、俳優の山﨑努《つとむ》さんにお会いしました。

山﨑さんといえば、映画、テレビドラマ、コマーシャルなどに多数出演され、二〇〇八年のアカデミー賞外国語映画賞を受賞した『おくりびと』でも、ベテランの納棺《のうかん》師《し》という重要な役柄を演じておられたので、ご存じの方も多いでしょう。

私も以前からその独特の存在感に魅了されてきたファンの一人ですので、特別の期待を抱きながら取材に伺いました。

実際にお会いした山﨑さんは、まさに圧倒されるほどのオーラの塊《かたまり》でした。とはいえ、インタビューにはとても丁寧《ていねい》に答えてくださり、終始楽しい取材となりました。

その中で「五十年役者をやってきて、脱線する勇気が少しだけできたように思う」という言葉が、とても印象的でした。若いころは自信もないし、怖がりだし臆病《おくびょう》だし、自分のまずいところは見せたくないから、なんとかうまく取り繕《つくろ》おうとしていたという山﨑さんが辿《たど》り着いた境地です。

実は、私にとって脱線するということは一番苦手としてきたことです。子供のころは、気の弱い性格から極度に緊張し、頭がパニックに陥《おちい》ることもよくありました。もちろんアドリブは全く利きません。ですから失敗は幾度もします。

そして失敗するたびに、ひどい後悔に苛《さいな》まれるのです。

そんな私は、まず言い訳を考えるようになりました。相手に対する言い訳と、自分に対する言い訳です。それがだんだん巧妙になっていく自分が嫌《いや》でたまりませんでした。

そこで、できるだけ失敗しないように、いつも下準備を心がけるよう努力しました。おかげで失敗は減ってきましたが、その反動として、今度は他人の失敗が許せなくなってきたのです。そのころの私は、全くもって堅苦しい嫌な奴《やつ》だったに違いありません。

しかし、いまでは少しずつ変わってきたように思います。どうすれば変わることができるのか。その第一は謝るということです。簡単なようですが、失敗を認めて謝ることは実際なかなか難しいことです。

「脱線する勇気」。それは失敗した自分を取り繕わず、素直に「ごめんなさい」と言える勇気ではないでしょうか。

五十五年間、情けない自分自身と向き合ってきて、ようやく見えてきた出口です。

教友の絆

先日、私どもの教会で青年会総会が開かれました。これまでの総会では、女子青年と合同でおつとめまなびをしていたのですが、今回は女鳴物も含めて、すべて青年会員だけで勤めるというものでした。

もちろん、女鳴物に触ったこともないという男性諸君がほとんどですから、事前の練習ではずいぶんと努力したようで、予想以上の上手《じょうず》なおつとめに、とても感心しました。ただ会長さんとしては、美人ぞろいの女子青年さんたちが

いないのはなんとも残念でしたが。(笑)

当日はお天気も良くて参加者も大勢集まり、午後の懇親会まで終始賑《にぎ》やかな一日でした。

プログラムを終え、会場の片づけを済ませた後、十数人の青年さんたちがあいさつに来てくれました。

心地よい疲労感をにじませながら、満面に笑みをたたえた彼らの姿に、私も清々《すがすが》しい感動を覚えました。そこにあるのは、みんなの力で一つのことを成し遂げ、その喜びを共有する「仲間たち」の姿でした。

ずっと以前、まだ幼かった息子から「お父さんは天理教をやってて、何がうれしいの?」と問われたことがありました。私は即座に「本当の友達がいっぱいできることかな」と答えました。ご守護の話はまだ難しいだろうと思っての返答でしたが、私の本心でもありました。

私は教会で生まれ育ちましたが、自らの意思でこの道を歩み始めるきっかけをつくってくれたのは、道の仲間たちの存在でした。当初は「教えに感動して」というような立派なものではなく、「この人たち、面白そうだな」といった軽い気持ちでした。

そのきっかけは、一方で強烈な出会いでもありました。あの出会いがなければ、いまの私はなかったでしょう。

信仰は一名一人《いちにん》とも聞かせていただきますが、その中での出会いはとても大きな意味を持っています。人数は関係ありません。たった一人でもそういう出会いがあれば、信仰の道は大きく進んでいきます。まさに「教友」との出会いです。

若い青年たちの姿に私が見たのも、教友の絆《きずな》でした。それは大きな喜びであり、大きな力です。

いまも私は、本当の友達といえる教友に囲まれて道を通ることのできる幸せ者です。私自身も、誰《だれ》かから「あの人がいるからこそ」と言ってもらえる教友でありたいと願っています。

割とワガママな女性

最近読んだ雑誌に「男性を出世させる女性の特徴パターン」というタイトルの記事が載っていました。よくある企画ですし、「こんな傾向が見られます」という程度のものなので何げなく流し読みをしていると、その中にいくつか「おっ」という項目を見つけました。

まずは、小さい幸せに敏感な女性。そういう人は、幸せに感じたことを男性と分かち合うことができるからだそうです。なるほど。

それから、男性と同じ夢を見ることができる女性。そういう人は、男性と一緒に夢を追ってくれますし、決してその夢をバカにしないそうです。そうなんです。夢をバカにされることほど、男性の気持ちを落ち込ませることはありませんから。

また、絶妙なタイミングで叱《しか》る女性。肝心なのは、些細《ささい》なことでもその場で叱るということで、間違っても「前から思っていたんだけど……」というような言い方はしないそうですよ。

そして、割とワガママな女性。男性に「彼女には僕が必要」と言わせる人だそうです。これは分かりますね。しかし、周りを見回すと、「うちの家内はしっかり者だから、僕がいなくても大丈夫です」と、苦笑いをしながら話す方が多いような気もするのですが……。

私は、特に「叱る」と「ワガママ」の項目が気に入ったのですが、大事な点は「絶妙なタイミング」と「割と」というところ。四六時中叱られたり、とんでもなくワガママだったりしたら、たまったものじゃありませんから。

賢明な読者ならお分かりのように、これらの項目は、女性と男性を入れ替えても全く通用しますし、親と子の関係に置き換えても同様です。

先日、婦人会の講習会でこの話題を取り上げたら、「あの特徴パターンをコピーしてもらえませんか」と言ってこられる方が多くてびっくりしました。

私としては、話の本題がかすんでしまったことは残念でしたが、「もっと良い妻になりたい」という婦人がたくさんおられると思うと、これはうれしいですね。

ただし、ここで注意しなくてはならないのは、決して「うちの嫁に聞かせてやらねば」というようなことは考えないことです。私たちは、こういう間違いをよく犯してしまうのですが、大切なことは、何ごともまず自分のこととして捉《とら》えるということです。入れ替えることができるのは自分の心だけですから。

自分が変われば周りが変わる。これが天の理ですから。

普通であるということ

暑いこの季節がやって来ると、いつも思い出すことがあります。それは、教祖百二十年祭に向けた西境内地拡張整備の土持ちひのきしんが、賑《にぎ》やかに繰り広げられていた夏のある日のことです。

ちょうど父が肝臓がんの治療のため、「憩《いこい》の家」に入院していましたので、私は信者さんたちとひのきしんの汗をたっぷりと流した後、その足で父の病室へ向かいました。

当然のことですが、院内は猛暑の屋外とは別世界で、快適このうえない環境です。私は父に「外はすごく暑いよ。お父さんは涼しい所に居られていいね」と冗談を言いました。

すると父は「暑いときに汗をいっぱいかいて、元気にひのきしんができるということが、どれほどありがたいことか、おまえには分からないかい」と笑って答えました。

そして、次のような話をしてくれました。

「ここから見える神殿では、いまもたくさんの人が親神様にいろいろなお願いをしている。それはどんなお願いか考えてごらん。身上であれ事情であれ、みんな〝普通でありたい〟とお願いしているんだよ」

やむほどつらいことハない

わしもこれからひのきしん　（みかぐらうた　三下り目八ッ）

病むということは、普通でなくなるということです。体温が一、二度上がっただけでも、身体《からだ》の自由が利かなくなります。

普通でいるということが、実はどれほど大きなご守護であるか。「かしもの・かりもの」のご教理の要《かなめ》です。

わが家の四人の子供たちは皆、素直な良い子たちですが、今日までにはそれぞれにいろいろな形で心配もかけてくれました。私は親として、そのたびに親神様にお願いをしてきました。それは、すべからく〝普通であるように〟とのお願いです。そして、ことごとくご守護を頂いてきたおかげで、今日の日があります。

その一つひとつをあらためて思い起こすと、とんでもなく大きなご守護を頂いてきたことに気がつくのですが、次にお願いをするときには、もうそのことはすっかり忘れてしまっています。

「いつ、いかなるときも、まずは親神様にお礼を申し上げるのが先だよ。どんなに苦しくてもつらくても、そのお願いができる自分が、いま、ここにいるということ自体が、親神様の計り知れないご守護だからね」

これが父の口癖《くちぐせ》でした。

四六時中と言わずとも、せめて朝夕、親神様に手を合わせるときには、その思いを持たせていただきたいものです。

普通であることを喜べない人は、決して本当の幸せを味わうことはできませんから。

ようぼくの自負

先月、部内教会の神殿改修普請が完成したので、鎮座奉告祭のためにハワイへ行ってきました。二泊四日、現地滞在五十時間という旅でした。

ただでさえ、ハワイは世界的な観光地。そのうえ、世間は夏休みのど真ん中ですから、関西国際空港を出発した機内は家族連れや新婚カップルで溢《あふ》れ、リゾート気分いっぱいです。その中で、私はといえば、ただ一人、ワイシャツにネクタイ、ブレザーまで着ているのですから、まるで異星人です。

「ハワイではアロハシャツが正装だから、ネクタイなんかしなくてもいいですよ」と言ってくれる人もいますが、そうはいきません。

以前、大教会役員のN先生が次のような話を聞かせてくれました。

戦後間もなく、N先生は大教会長の命を受け、ハワイ布教へ出られました。長い船旅の末、やっとホノルル港に到着しても、N先生は二等切符の乗客ですから、当然、下船は後のほうだろうと船底の船室でのんびり待っていました。するとわざわざ船員が迎えに来て、一番最初に下船してくれと言ったそうです。N先生が神に仕える聖職者だというのが、その理由でした。

そのときN先生は、自分は教祖のお供をさせていただくようぼくだということをあらためて強く自覚させられた、と語ってくれました。

アメリカでは聖職者の立場が非常に重んじられます。しかし、当然のことながら、当人には重い自覚と責任がかかります。聖職者は常に聖職者らしくあることを求められるのです。

とても博識なN先生ですが、ハワイの風習には不慣れでしたから、皆さんと同じようにアロハシャツ姿でいたら、古老の信者さんから「あなたは布教に来たのか、それとも遊びに来たのか。もっと自覚を持ちなさい」と叱責《しっせき》を受けたそうです。

もちろん、これは服装の問題ではありません。アロハシャツを正装として暮らしている現地の方であれば、それで何の問題もないでしょう。しかし、確固たる信念が出来上がっていない私のような人間は、どうしても心が形に流されてしまいます。

そんな私ですから、入国審査で職業を問われたとき、「神様に仕える仕事です」と自信を持って答えるためにも、まだまだネクタイは外せません。

それにしても、ネクタイが一番つらかったのは、帰国して関西国際空港に降り立ったときでした。日本は本当に暑いなあ。

志に生きる

「人はどうして死んでしまうんだろう。天が、おまえの役目はもう終わったと思われたからだろうか」

「そうかもしれませんね。しかし、人の死というものは終わりだけではないと思うんです。その人の志を受け継ぐ者にとっては始まりですから」

ＮＨＫ大河ドラマ『龍馬伝』の中で、病に倒れたわが長州の英雄・高杉晋作を悼《いた》んで交わされた、坂本龍馬と妻・お龍《りょう》の会話です。

海援隊を率いた坂本龍馬、奇兵隊を率いた高杉晋作。二人は幕末を飾ったヒーローとして、現在でもいろいろな場面で取り上げられています。それは、志を貫いたその生きざまに多くの人々が魅《み》せられるからでしょう。そして、彼らの志は名もなき仲間たちに受け継がれ、日本という国の形を変えていきました。

坂本龍馬三十一歳、高杉晋作二十八歳、とても短い人生ですが、なおさら両人の志の強さを感じます。

彼らが生まれた同じ時代、大和《やまと》の片隅で教祖ひながたの道が始まりました。たった一人の女性から始まったこのお道ですが、それは世界一れつを救《たす》けるという壮大な教えでした。

教祖の教えにふれた先人たちは、命を賭《と》してこの道を歩まれ、その志は脈々と受け継がれて、いままさに世界へと広がっています。

今朝《けさ》、私は長男に一枚の笏《しゃく》を渡しました。教服を着用したときに使用する板です。これは、父が出直す少し前に、いずれ時が来たら私の長男に渡してくれと託されたものです。実は私自身も、父から祖父の形見として一枚の笏を受け取り、いまもそれを使っています。

正直なところ、いままでその意味を深く考えたことはありませんでしたが、テレビで偶然お龍さんの台詞《せりふ》を聞いて、ハタと気がつきました。私が譲られた祖父の笏も、私が息子に渡した父の笏も、それは祖父や父の志の形だったのですね。いまごろになってようやく気づくとは、なんともうかつな話です。

思えば、いま私がお道の仲間たちと夢を語り合い、希望を抱いて歩めるのも、親々が大いなる志に生きてくれたおかげに違いありません。

私が教会長として掲げる目標の一つが『夢のある教会』ですが、志のないところに夢は生まれません。

思うに任せない現実を言い訳にせず、たとえ「そんな年になって青臭い」と笑われても、志に燃え、夢を追い続けるようぼくでありたいものです。

失敗から逃げるな

先日、『すきっと』（第16号）の取材で、スポーツジャーナリストの二宮清純《せいじゅん》さんにお会いしました。

二宮さんは、野球やサッカーはもちろんのこと、ボクシング、相撲、各種格闘技など、プロ・アマを問わず、幅広い分野を網羅して活躍する、日本トップクラスのスポーツ評論家です。

その取材の中で、「失敗」ということについて興味深い話をお聞きしました。

「スポーツには必ず勝ち負けがあります。負けというのは、ある意味の失敗で、これは誰《だれ》もが経験することです。僕がスポーツの取材をしていて感じることは、その失敗を次に活《い》かせるかどうかということです。失敗に怯《ひる》んでいては、次が開けませんからね」

そのとき話題になったのが、七人制ラグビー日本代表監督を務めた、村田亙《わたる》さんのエピソードでした。

村田さんは、ワールドカップで日本代表選手としてニュージーランドと戦い、何と一四五対一七という記録的大敗を経験します。『すきっと』第十二号の取材で、「あのときは本当に心が折れそうでした。あんな屈辱はなかった。しかし、日本中で十五人しかあの経験はできなかったんです。それがあったから今日の自分があると思います」と、村田さんは語っておられます。

彼のすごいところは、その敗戦のビデオテープを繰り返し見直して、失敗の原因を徹底的に探したということです。

二宮さんは「失敗の中に成功の秘密が全部あるんですよ。失敗の原因を一つひとつ解き明かしていったら、おのずと答えは出てくる。しかし、自分の失敗を振り返るという作業は、とてもつらい作業です。それには自分と向き合う勇気が必要です」と言われました。

「失敗は成功のもと」という言葉は誰でも知っています。その第一歩は、自分の失敗を認めるということでしょう。しかし、それだけでは失敗を成功の糧《かて》にすることはできません。

そのためには、失敗を真摯《しんし》に見つめ、振り返るということが必要になるのだと思います。それは二宮さんが言うように、とても勇気の要ることです。

私自身、何か失敗をすると、まず最初に言い訳が頭に浮かびます。人に対する言い訳と、自分に対する言い訳。そして、その言葉が口から出た途端、何ともいえないむなしさに包まれてしまいます。特に若いころは、その繰り返しだったように思います。

失敗から逃げない勇気、いま私が一番欲しいものです。

万事機嫌よく「恩」

立教一七四年（二〇一一年）・書きおろし

恩を知る

昨年の春、弟が「これは泣ける」と言って一枚の音楽CDを貸してくれました。それは『トイレの神様』という歌でした。変なタイトルだし、五十男の弟が音楽を聴いて泣かないだろう、と気にもせず、そのときは放っていました。

そのまま時間が過ぎて秋も深まったある日、何げなく見ていたテレビから流れてきたその歌を聴いて、不覚にも泣いてしまいました。

自分を育ててくれたおばあさんに対する愛情が歌の題材になっているのです

が、それを語る歌詞の一節に、たまらなく心を揺さぶられてしまったのです。それは「ちゃんと育ててくれたのに」というひと言でした。その後には「恩返ししもしてないのに」と続きます。

私自身、子供のころから祖母には大変可愛《かわい》がられて、自他共に認める〝おばあちゃん子〟で育ちました。

祖母は、戦前戦後を通して教会長を務めた祖父を支え、長い苦難の中を通りきった信念の人で、周りにも自分自身にも非常に厳しい人でした。

その一方、情にも篤《あつ》い人で、皆さんから慕われた女性でもありました。

私は祖母からたくさんのことを学びました。いまの私に、わずかでも毅然《きぜん》とした部分があるとすれば、それは間違いなく祖母からもらったものです。

そんな祖母が晩年、脳梗塞《こうそく》で倒れてしまい、同居していた私たち夫婦が世話をすることになりました。私にとっても初めての経験です。まるで嵐のような毎日が続きました。

特につらかったのは、夜中に何度も起こされることでした。トイレに行きたくなるとブザーが鳴ります。それも、ひと晩に七回も八回も鳴るのですから、体力も気力もみるみる削《そ》がれていきます。

病気だからということは十分に分かっていても、日に日に心が冷たくなっていくのです。あんなに恩を受けた人に対してよく言えたもんだ、というほどのひどい言葉が口から出てしまうこともありました。人間とは本当に弱いものです。

その後、治療とリハビリでそんな状態は脱しましたが、私にとっては最も醜《みにく》い自分を垣間見た日々でした。

恩を知るということが、人にとってどれだけ重要であるか。それを忘れてしまった私がそこにいました。取り返すことのできない後悔です。

祖母の出直しは、巡教先のブラジルから帰国途中、乗り継ぎのロサンゼルス空港で知らされました。

恩返しもしてないのに。

人たすけたら

父が薬による肝臓がんの治療を受けることになった当初の話です。薬によるがん治療はとてもつらい、と人から聞いていたので、大丈夫だろうかと心配しながら父の病室を訪ねました。

しかし父は、そんな私を、ニコニコといつも通りの笑顔で迎えてくれました。ホッとした私は、父に「調子が良さそうですね。この治療はつらくないんですか」と尋ねました。すると父は「とんでもない。こんなつらいことはないぞ。

熱は出る、吐き気はする、身体《からだ》はだるい、食欲はなくなる。この治療がこれから一週間も続くと思うと、たまらんなあ」と答えました。

それを聞いて、私は「お父さん、ここは病院だから、つらいなら無理をして笑っていなくてもいいんじゃないですか」と冗談を言いました。すると父も「それはそうだ」と言って笑いました。そして父は、次のような話をしてくれました。

「ここの看護師さんたちは、本当によくお世話をしてくれるんだ。この病棟は重篤な患者さんが多いから、昼も夜も一日中ナースコールが鳴る。しかし、夜中であろうが夜明けであろうが、看護師さんたちはすぐに駆けつけて、いそいそとお世話をしてくれる。それが彼女たちの仕事といえばそれまでだが、その務めぶりには頭が下がる。私も教会長だから、何か彼女たちの力になりたいと思うのだが、残念ながら患者さんは何もしてはいけないんだ。動けるからといって、患者さんがトイレ掃除をしたりすると、こんな迷惑なことはない。あえて言えば、何も言わずにじっと寝ているのが良い患者さんだ。とはいえ、何かできることがあるだろうと考えた。それで、少々つらくても、まず『おはよう。今日もよろしくお願いしますね』と笑顔で声をかけるようにしているんだ。そうすると、ちょっとだけ彼女たちの一日が違ってくるからね」

教祖は「人たすけたらわが身たすかる」と教えられました。これは、お道の信仰の基本です。ところが、いざ人だすけの実行となると、具体的に何をしていいのか戸惑うこともあります。

しかし、「おかきさげ」に「人を救《たす》ける心は真の誠一つの理で、救ける理が救かるという」とあるように、大切なのは「人を救ける心」です。その心さえあれば、言葉一つ、笑顔一つでできるのが人だすけです。

思えば父は、とても自然で、気負いのない人だすけのできる人でした。ついつい体裁《ていさい》にとらわれてしまう私にとって、一番のお手本です。

何か変えてみませんか

今日は、わが家の食卓で家族の座る場所が変わった、という話です。

これまでは、私たちおじいちゃんおばあちゃん、長男と二男夫婦、孫二人の七人がテーブルを囲んで食事をしていました。

しかし、今年で五歳と二歳になる男の子たちはじっとしていませんし、だんだん狭くなってきたので、おじいちゃんとおばあちゃんは、食堂の続きにある和室で食べることにしました。

そんななか、孫のお兄ちゃんのほうが「おじいちゃんと食べる」と言って、和室へやって来ました。当然、弟君もついてきて、結局四人で小さなこたつを囲んで食事をする羽目になりました。

「まいったなあ。これじゃあ、前より狭いよ」と、ぼやいた私ですが、ちょっとびっくりすることが起きました。食卓のいすに座っても、なかなか落ち着かず、食も進まなくて、「お母ちゃん食べさせて」と甘えてばかりいたお兄ちゃんが、こたつでは一人で上手《じょうず》に食べるのです。食もどんどん進みます。

先日、ある勉強会で聞いた話を思い出しました。それは「家族に何か起こったときは、何かを変えてみることです。たとえば、テレビのボリュームを少し小さくするだけでも、変わることがあります」という話です。

わが家で特に何か問題が起こったというわけではありませんが、ただ、四月から保育園へ通い始めた孫が、緊張でいつもイライラして、怒ったり愚図《ぐず》ったりしていたので、おじいちゃんとしてはちょっと心配でした。

食事の席が変わって、何が変わったのでしょう。そう、テレビが遠くなったのです。

それまでは、みんなでテーブルを囲んでいましたが、視線は全員テレビに向いていました。もちろん私も、当たり前のようにテレビを見ながら食事をしていました。

いま、孫たちと顔を突き合わせて食事をしながら、「ああ、これが団欒《だんらん》だな」と感じています。

テレビは情報や娯楽を得たり、気分転換やリラックスをしたりするためには、とても役に立つ道具です。私もテレビっ子で育ちましたから、テレビが必要ないとは決して思いません。しかし所詮《しょせん》、道具は道具、使い方次第です。

ご機嫌で食事をしている孫が「お母ちゃんも、こっちにおいで」と言いだしました。そんなことをしたら、せっかくの大人の計算が台無しです。

でも、この子は家族の絆《きずな》を強めてくれているのかなとも思います。子供の純真な心には、一番大切なことがよく見えているようです。

戻ってきた一塁ベース

五月七日から十一日までの五日間、災救隊山口教区隊の一員として宮城県東松島市へ救援活動に出向きました。

作業現場は矢本《やもと》第二中学校で、作業内容は津波によって校庭内の隅々に堆積《たいせき》した汚泥の撤去です。校舎の壁には、地面から一メートル六十センチほどの高さにまで冠水した跡が残っていました。

震災から約二カ月が経《た》っていましたが、厚いところでは五十センチを超える

汚泥がヘドロの状態で一面を覆い尽くし、強い悪臭を放っていました。根気と体力が求められる作業でしたが、十七人の隊員の多くが子を持つ親ということもあって、この学校に通う子供たちが少しでも気持ちよく学べるようにと、懸命に、そして丁寧《ていねい》に作業を続けました。

実は、現地へ赴《おもむ》くまでの私には、被災された方々にどのように接すればいいのだろうかという戸惑いがありました。ましてや多感な年代の中学生たちです。彼らの心が受けた衝撃は、想像を絶するものだったでしょう。

しかし、実際に彼らの姿を見て私は驚きました。全く普通なのです。普通という表現はおかしいのですが、友達同士ふざけ合ったり、部活動の練習に励んだりする様子が、私の地元の、つまり災害とは全く無縁の学生たちの姿と変わらないのです。

もちろん、どの子もどの子も大変な現実を抱えていることでしょう。しかし、そんな厳しい状況に負けることなく、今日という日を顔を上げて積極的に生きようと頑張っている彼らの姿は、感動的ですらありました。よく「子供たちは無限の可能性を持っている」といいますが、まさにそれを実感しました。

最終日、正門のそばの植え込みで作業していると、ヘドロの中からソフトボールで使用する一塁ベースが出てきました。

ボコボコになった校庭で練習している女子生徒に、隊長さんがそのことを伝えると、「やったー、ありがとうございます」と喜色満面でベースを抱えていきました。この子たちがきっと東北を復活させてくれるでしょう。

最年長で参加した私ですから、皆さんに迷惑をかけないようにすることで精いっぱいでしたが、かけがえのないものを得て帰りました。

それにつけても、私の年齢を気づかって、毎晩マッサージをしてくれた隊員の岡村君と西田君、おかげで最後まで頑張れました。感謝、感謝。

家族の絆

先日、七十七歳になる母の喜寿祝いを行いました。その日は、子供、孫、それぞれの連れ合い、そして曽孫《ひまご》と、総勢二十二人が集まりましたが、これでもまだ十人ほどが欠席です。

子供の無かった弘長家に、四歳だった父が養子に入ったのが昭和十年ですから、たった八十年足らずで大家族が出来上がったものです。

私たちが子供のころ、父は自ら議長になって家族会議をしたり、子供と交換

日記をしたりと、親子の心が通い合うよう、いろいろなことを考えてくれていました。

また父は、よくこんな話を聞かせてくれました。

「陽気ぐらしとは、家族が弁当を持って花見に行くようなものだと思う。これには三つの条件がある。まず一つ目はお天気。二つ目は健康。そして三つ目は家族の関係。仲の良い家族でなかったら、楽しくお花見には行けないからね。最初の二つは親神様のお働き。三つ目は人間の努力。どうもこれが陽気ぐらしを味わうための秘訣《ひけつ》のように思う」

つまり、家族の絆《きずな》は人間が努力をしてつくり上げなくてはいけない、ということです。

父のおかげで、本当に仲の良い家族が揃《そろ》いました。それぞれに問題もいっぱい抱えていますが、兄弟姉妹も従兄弟《いとこ》もみんな仲良く繋《つな》がってくれています。

父は、陽気ぐらしを世界に伝えていくようぼくにとって、わが家族の絆こそが基本であると強く自覚していたのでしょう。

しかし、世間には「骨肉の争い」という言葉があるごとく、家族同士がいがみ合うという姿も珍しくありません。いくら血が繋がっていても、仲良くする努力を怠ると絆は脆《もろ》くも切れてしまいます。

だからこそ、そのための弛《たゆ》まぬ努力が大切なのですが、その努力は家族みんながするものだ、と考えていると、実はなかなかうまくいかないのです。そういう考えをしていると、何かすれ違いが起こったとき、ついつい相手に責任を押しつけ合ってしまうからです。

その努力は私がする。これが重要です。

私が絆を繋ぐ種になれば、必ず仲の良いステキな家族が出来上がる。それを信じて疑わないこと。それは、あえて相手に相応の努力を求めないことでもあります。

「自分の家族すら仲良く治められない者に、陽気ぐらしを世界に伝える資格はない」

教会長となったいま、父の言葉が厳しく胸に刺さります。

新たな気づき

「どうせ毎年、同じ話をするんでしょう」

八月に出講当番が当たっていた「教人資格講習会」のひと月ほど前、そろそろ教典の勉強をしなくてはと焦っていた私に、家内が言ったひと言です。

あらあら、とんでもありません。今年で足掛け八年間、教典の講義を毎年させていただいていますが、全く同じ講義をしたという年は一度もありません。

『天理教教典』は百ページの薄い書物ですが、毎回新しい発見の連続です。

「おふでさき」に、

にち／＼にすむしわかりしむねのうち
せゑぢんしたいみへてくるぞや
（六　15）

と記されていますが、まさにその通りで、私のような凡人には、だんだんとしか分からないことだらけなのです。

今回気づかされたのは、基本中の基本、陽気ぐらしについてです。皆さんは、陽気ぐらしとは、どういうものだとイメージしておられますか。

・平和な暮らし
・争いのない暮らし
・健康な暮らし

・苦しみのない暮らし
・幸せな暮らし
・災害のない暮らし

私も漠然と、そういうことだと思っていました。ところが、教典には、人をたすけて我《わ》が身たすかる安らぎの中にこそ陽気ぐらしの境地がある、ということが書かれているのです。

言葉を変えていえば、たとえ健康で争いもなく、平和な暮らしであっても、そこに人だすけの心がなかったら、本当の陽気ぐらしは味わえないということでしょう。

この大切なことに気づかせてもらったきっかけは、東日本を襲った大震災でした。この未曾有《みぞう》の災害でたくさんの方が被災されましたが、その方々が互いにたすけ合う姿に対して、世界中から賞賛の声が寄せられました。

それはまさに、人間というものは本来的にたすけ合うように造られているということの証しであったと思います。親神様は陽気ぐらしを目的に人間を造られたのですから、一人ひとりの魂には、たすけ合いの心が最初からすり込まれているのではないでしょうか。残念ながら、心のほこりが邪魔をして、それが分からなくなってしまっていることが多いのですが。

わかるよふむねのうちよりしやんせよ
人たすけたらわがみたすかる　（三　47）

このお言葉に込められた教祖のお心に、少しだけ近づけたような気がします。

後悔はありませんか

・たばこをやめなかった
・夢をかなえられなかった
・悪事に手を染めた
・故郷に帰らなかった
・美味《おい》しいものを食べておかなかった

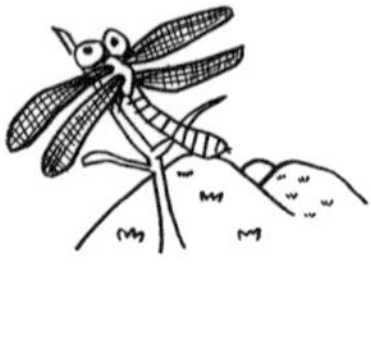

これは大津秀一《しゅういち》さんの『死ぬときに後悔すること25』という本に書かれている、人が死を前にして後悔する、さまざまな悩みの一部です。

著者は終末期医療の緩和ケアを専門とし、主に末期がんの患者さんの苦痛を取り除く仕事をしておられるお医者さんです。

彼はまだ三十五歳という若さながら、すでに一千人以上の人を看取《みと》ってこられました。

彼は苦痛を取り除くスペシャリストですが、「身体的な苦痛は取り除けても、その人の心の苦痛を取り除くことはなかなか難しい」と語っています。

終末期の患者さんが後悔した代表的な悩みを、二十五の項目に分類して記されたこの本はとても示唆に富んだものでした。

一番最初に記されている後悔は「健康を大切にしなかったこと」です。ここでの著者の提案は、健康なうちから健康を大切にすること。あまりにも当然のことですが、実は多くの人がこのことに気がつかないのです。まさに「かしもの・かりもの」のご守護を身に感じて毎日を生きるということでしょう。

次に目を引かれたのが「他人に優しくしなかったこと」という後悔です。著者は「他人に優しくするというのはなかなか難しい。でも、他人に心から優しくしてきた人間は、死期が迫っても自分に心から優しくできるから、死を前にしても後悔が少ない」と語ります。

「やさしい心になりなされや」という、教祖のお言葉が身に染《し》みます。

そして、最後の後悔は「愛する人にありがとうと伝えなかったこと」。たったひと言ですが、実際に伝えることができずに後悔する人が多いのは、現代社会の希薄な家族関係を映し出しているのではないかと著者は考察しています。

ありがとうと伝えたい、でもその言葉が素直に出ない。それはなぜでしょうか。

いつも感謝はしている、そのことは相手もよく分かってるはずだ、では駄目なようです。やはり、ありがとうはちゃんと言葉にして伝えなければ。

しかし、いままでほとんど口にしたことのない言葉をいざ伝えるとなると、それはなかなか難しいことです。

ならば今日から、ありがとうと声に出して伝える努力を始めてはどうでしょうか。きっと、まだ間に合いますよ。

不思議、不思議

地上六三四メートル、自立電波塔としては世界一の高さを誇る東京スカイツリーが、来年五月に完成します。

先日『すきっと』（第18号）の取材で、その東京スカイツリーをデザインされた澄川《すみかわ》喜《き》一《いち》さんにお会いしました。澄川さんは東京芸術大学の元学長さんで、日本を代表する彫刻家です。

「あんた、あれ倒れてないかって、わざわざ電話してきた人がいましたよ。東

京スカイツリーは丸いタワーだとほとんどの人が思ってるけど、足下は三角形なんですよ。つまり、左右対称に見られるのは三カ所しかありません。だから、見る角度では傾いて見えるんですね。不思議でしょ。でも、その不思議が魅力なんですよ」

今年八十歳になられる澄川さんが、子供のような笑顔で語ってくださいました。

皆さんもご存じのように、東京タワーはパリのエッフェル塔を参考にして造られましたが、東京スカイツリーのお手本は五重塔。日本古来の技を最新技術で再現した建造物です。それを象徴するのが心柱《しんばしら》。

心柱というのは五重塔の中心にある柱ですが、面白いことにこの柱は、ほかの建材とほとんど接していません。ちょうどコウモリ傘の柄のように、一番上の五層目だけにくっ付いているのです。

それが免震と制震の役割を果たしているのだそうです。心柱と周りの構造物が別々の動きをすることによって、そういうことが可能になっているそうですが、本当に不思議です。

澄川さんのお話を聞いて、もっと驚いたのは、五重塔と人体の関《かか》わりでした。

「五重塔が倒れないのは、人体の構造につながるんです。人体には二百数個の骨があって、それを輪ゴムのような筋肉が束ねています。それで腰から下が頑丈にできていて、おなかの部分は背骨だけですね。だから自由に屈伸運動もできる。そして、一番重い頭がてっぺんにある。これが重くないと倒れちゃうんです。この基本的な構造が五重塔、そして東京スカイツリーにつながっているんです」

東京スカイツリーのお手本が人体だったなんて、びっくりですね。驚異の小宇宙ともいわれる人体。まさに、「かしもの・かりもの」の不思議を実感します。

科学や技術が進歩すればするほど、親神様のお働きの偉大さを人類は知ることになるのでしょう。

生きてるだけで丸儲け

弟子修業をしていたころ、私が掃除をしていると、笑福亭松之助《しょうふくていまつのすけ》師匠が、「それ楽しいか」って言うんです。「いいえ」って答えると、「そうやろ、そういうのが楽しいわけがない」っておっしゃる。そして「掃除はどうしたら楽しいか考えろ」って言われたんですよ。この言葉でものすごく助かりましたね。掃除なんて楽しくなるわけないんですよ。でも、『楽しくなることを考えてることは楽しい』って気づかされたんです。私が十八歳の時でした。

これは明石家《あかしや》さんまさんのお話です。さんまさんと言えば、現代のお笑い界をリードする立役者の一人ですが、十八歳で『楽しくなることを考えてることは楽しい』と知ったことは、その後の彼の人生に大きな影響を与えたに違いありません。

私の趣味は旅行の計画を立てることです。旅行雑誌を読んだり、インターネットで旅行サイトを調べたりしていると、時間も忘れてしまいます。もちろん、旅行に出かける時間はほとんどありませんから、いつも計画するだけです。計画だけなら世界中どこへでも行けますから、想像は果てしなく広がります。

ちなみに、子供のころ父に「会長さんじゃなかったら、何になりたかったたの」と聞いたことがありました。そのときの答えは旅行の添乗員でした。実際に父の一番の愛読書は列車の時刻表でした。ですから私の趣味も父譲りなのでしょう。まさに『楽しくなることを考えてることは楽しい』を実感しています。

そのさんまさんがモットーとしているのが「人生、生きてるだけで丸儲《もう》け！」。いいですねえ。ただ生きていることが楽しくて仕方がない、というメッセージが伝わってきて、こちらまで楽しくなってきます。

教祖は私たちに、いま生きているということが、どれほど素晴らしいことかという真実を教えてくださいました。そして、いまという現実を否定するのではなく、いまあることを感謝し、心から喜んで生きるところに幸せへの道が開かれるという、ひながたを遺してくださいました。

目の前の出来事にとらわれて、なかなかいまを喜べずにいる我《わ》が心のなんと脆弱《ぜいじゃく》なことでしょう。

さあ、喜んで。

孤独という地獄

先日、依存症の自助グループの会合に参加させていただきました。そこに集まった人たちは皆、懸命に依存症と闘っておられる人たちで、そこで語られるお話は、まさに壮絶な葛藤《かっとう》の披瀝《ひれき》でした。

参加者全員で最初に朗読する回復プログラムの第一項は、「私たちは誘惑に対して無力であり、思いどおりに生きていけなくなったと認める」というものでした。つまり、まず自分自身が依存症であることを認めるところから、回復

の道が始まるということです。でも、それを認めるのは本当に難しいことで、いまだに心から認めているかどうか分からないと話す方も多くおられました。

依存症に限らず、自分の弱点や欠点を素直に認めることは、誰《だれ》にとっても難しいことです。しかし、そこを避けていては変われない、という真実を教えられた気がします。

ところで、今回会合に参加して、依存症の人たちの共通点に気がつきました。それは孤独です。それも底なし沼のような果てしのない孤独です。依存症に陥《おちい》ってしまった人たちは、当然の成り行きとして、金銭的なトラブルを抱えることになります。そしてそれは人間関係をずたずたに壊してしまうのです。

孤独がどれほど恐ろしいか、孤独がどれほど人を弱らせるか、参加者の赤裸々な言葉は私の心に重くのしかかりました。そしてその孤独が依存症状をさらに悪化させるという悪循環の中に、彼らは閉じ込められてしまうのです。

ある参加者が「依存症の人間には、自分ひとりで立ち直る心の力がありません。だから誰かの手助けがどうしても必要だと思います」と話してくれました。こうした自助グループの存在意義も、そこにあるのでしょう。しかし、こうした会合は、週に一、二回行われる程度なので、それだけではなかなか難しいというのも現実です。

『諭達第三号』には、おたすけに関して、周囲に心を配る、病む人悩める人に寄り添う、ということが記されています。医者でもない、弁護士でもない自分に、どれだけの手助けができるのか、まことに心もとない限りです。しかし、おたすけの基本は寄り添うこと。

教祖におたすけいただいた先人の「今もなお、その温《ぬく》みが忘れられない」というひと言に、すべてが表されているように思います。

世界一列

立教一六五年（二〇〇二年）

弘長米次

一番吉い日

「日本では何日までがお正月なの？」とハワイで生まれ育った家内から尋ねられた。

私は、長女の生まれた昭和三十三年の正月を家内の実家があるハワイの教会で迎えた。年の替わる午前零時の時報とともに、凄《すさ》まじい爆竹の音と目の前さえ見えなくなるほどの煙で町の通りは覆い尽くされた。しかし、そんなにぎやかなお祝いムードもそのとき限りで、二日からは仕事も学校も平常通り始まった。アメリカのお正月は一月一日だけなのである。

私自身、何日まで年始のあいさつをしたらいいのかと迷ったことがあり、調べてみると、新暦の「三が日」までとか、また月の満ち欠けによる旧暦の「旧正月」や「二十日正月」など、土地所のしきたりによりいろいろである。

しかし、余りなじみのなかった「旧暦」も、このたびの九・一一同時多発テロをきっかけに、イスラムの断食月など「旧暦」を重視している人々が、世界中に多数いることを教えられた。

以前、ブラジルに「おはよう！」と電話したら、「こちらは夜ですから、こんばんは！　ですよ」と返ってきた。日本とブラジルには十二時間の時差があり、私が日本で見ている「朝日」は、ブラジルでは「夕日」であることに気がついた。実際は朝日も夕日も同じ太陽であり、ただ眺める立場が違うだけなのに、お互いがその思いに固執していたのでは、どこまで行っても平行線である。だから、人と人、国と国との摩擦も、案外こんなところに原因があるのかもしれない。

わが家では、四人の子供のお産を助産師さんのお世話になったが、「潮の満ち始めるまではまだまだ」と落ち着いておられた様子が目に浮かぶ。

一方、老衰での出直しは潮の引くとき、と聞いたことがある。いずれも自宅で「出産、出直し」をしていたころの話で、いまやそうした話を耳にしなくなって久しい。

しかし、お道では「宿し込むのも月日なり　生まれ出すのも月日せわどり」と教えられ、また、「たいしよく天のみこと」の守護として「出産の時、親と子の胎縁を切り、出直《でなおし》の時、息を引きとる世話」と教えられている。私たちは月日・親神様の十全の守護に生かされている人間である、との天理に目覚めるとき、この世治まる真実の道が開けてくる。

『稿本天理教教祖伝逸話篇』には「皆の心の勇む日が、一番吉《よ》い日やで」と記されている。あらためて思い返してみると、私は毎年の正月を、同じ所で、同じ時間に、同じ人たちと、元旦祭の陽気てをどりを勤めている。そうした一番吉い日に新しい年のスタートができる身の幸せに感謝し、今年も心勇んで勤めさせていただきたい。

みのうち

三年前、「海外へ行くのなら、これを持って行きなさい」と主治医の先生から、私の肝腫瘍《しゅよう》のCT写真と、静脈瘤《りゅう》の写っている胃カメラの写真を渡された。そして「もしも旅先で出血したら、どこの国の医者でもこれを見せれば、適切な処置をしてくれるでしょう」と言われた。それは「輸血」「臓器移植」同様、人間の内臓は人種、国籍に関係なく、どこの国の医者でもその写真を見れば原因が診断できるということである。

また先月、十回目の「肝動脈塞栓《そくせん》術」の治療中、血管の中に挿入したカテーテルを正確に目標の腫瘍まで進める様子が、枕元のモニターに鮮明に写るのを見ながら、現代の医学技術の進歩に驚嘆させせられた。と同時に、それも内臓の仕組みが万人共通であることの証しであると納得させせられた。

そのことについては「おふでさき」に、

たいないになにがあるやらどのよふな
ものでもしりたものわあるまい　（十二　174）

このはなし月日のし事これをみよ
心しだいになにをするやら　（十二　175）

と明確に示されている。

そしてまた、「心遣い」と「身の煩《わずら》い」の関係について、

にち〳〵にみにさハりつくとくしんせ

心ちがいを神がしらする　（四　42）

めへ〳〵のみのうちよりもしやんして

心さだめて神にもたれよ　（四　43）

と記されている。

先人の話の中に「肝臓の働きの一つは、古い血液（血球）を壊して胆汁という消化液をつくる形で処分し、また、解毒作用をするところである。このように表で裏で幾つもの働きをする心が使われなくなると、肝臓という道具が働かなくなる。また解毒するのとは逆に毒をつくる、即《すなわ》ち、許すのではなく、逆に許せん許せんといって通る心や、毒の多すぎる心に使われると、肝臓が解毒し切らず壊れることになる」と説かれていた。

それを読み、自らの心遣いを反省するとき、まさに一言の反論の余地もない。あらためて成人を急《せ》き込まれる親心に感謝し、一日生涯「神恩報謝」に精進する毎日である。

その後、海外にも毎年旅行しているが、おかげでいまだ一度もその写真を活用？　することなく、結構にお連れ通りいただいている。

野菜人間？

テレビを見ていた家内が、「かわいそうに、あの人、野菜人間なのね！」と言う。聞き間違いかかな？　と尋ねると、英語では植物人間のことをベジタブルと言い、直訳すれば野菜であり、植物ならプラントである。

なぜ野菜人間でなくて植物人間と訳されたかは定かでないが、たぶん日本人の言葉へのこだわりがそうさせたのだろう。

昨年八月に出直した兄との思い出を、井筒正孝《いづつまさたか》さんが『天理時報』のコラム

「妻と話そう」に「仙田善久《せんだよしひさ》先生」と題して記されていた。その中で「余計な会話など必要ない夫婦」と書かれていた。文化の違いから説明する必要がある私たちと、兄夫婦とは異なる面も多々あったが、その四人が集まると、おしゃべりが楽しかった。

ある日、生家仙田の父が十七年前に出直した時の様子を思い出し、お互いは「その時」をどのように迎えるか？　と語り合ったことがある。

その父の最期は、兄が『G-TEN』誌第六号の特集「出直し――その論理と周辺」の中で「心から喜んでの闘病、そして死、そこに至高の手本があった」と記している。

その父が「世間では、九十歳百歳まで生きると長生きと言うが、たとえ若くして出直しても、その人の名前が長く語り伝えられるのを、本当の長生きと言うんだ」と話してくれた。そしてまた「同じ出直しなら、突然死よりも、がんのほうが予定が立てられるからいいよ」と話した通り、自らの思いをなし終えての穏やかな最期だった。

兄もまたがんだったが、父同様、皆の心に残る見事な出直しだった。

四十三年前、私が初めてハワイの太平洋教会にお世話になった時のことである。家内の祖父・三國又五郎爺《じい》さんに、幼稚園の英語の本を出されて「米次、これを教えてくれ」と頼まれた。爺さんは八十歳だった。

「その歳《とし》になって、なぜいまさら！」と尋ねたら、「今生で覚えといたら、来生で思い出すだけですむのや」との返事。来生はこのハワイに生まれ、英語を話しての海外布教を志す信念に、心打たれた感動が忘れられない。

先日いつもの入院中、子供たちに「金婚式まであと二年だから元気でいてね」

と励まされた。そのことを家内に話して「長いこと、ご苦労だったね！」とねぎらうと、「いまでも苦労してるよ！」と笑いながら答えていた。

そんな夫婦の来生は、想像するだけでも興味津々である。

錦帯橋

「流れない橋を架けたい！」

人々の切なる願いを成し遂げたのは、岩国三代藩主「吉川広嘉《きっかわひろよし》」公であった。自らの難病治療のため「明《みん》」の帰化僧「独立《どくりゅう》」を長崎から招いたが、持参した「西湖遊覧志」に描かれている、湖に並んだ小島から小島へと石橋が渡る挿絵を見て、流れない橋脚のヒントをつかんだ。以前、江戸参勤の際眺めた甲州桂川の渓谷に架かる橋脚の無い「猿橋」との組み合わせで、その構想がまとまった。

「われに橋あり城と為《な》さん」と決心し、十数年間の試行錯誤の末、延宝《えんぽう》元年（一六七三年）、洪水に耐える強固な石組みの橋台の上に、アーチ型に組木の技法を生かした希代の名橋が完成。二七〇余年その雄姿を誇っていた。

そして終戦後、米軍基地の滑走路拡張のため、橋近くの河原から大量の砂利を掘ったために、昭和二十五年のキジャ台風のとき、石組み橋脚の根本から崩壊・流失した。

しかし、全市民の熱意により、三年間で元通りに再建され、五十年目の今春「平成の大改修」の第一期工事として、真ん中の第三橋が新しくなった。今年末、来年と、冬の渇水期に第二、第三期工事が予定されている。

「これ名橋でなく迷惑橋だ！」。いまは公園になっている岩国中学で、時間ぎりぎりまでクラブ活動に熱中し、汽車通学の友とぼやきながら橋の階段を息せき切って渡った若き日を懐かしく思い出す。

木の香も新しく香《かぐわ》しい橋上から見下ろすと、石組みの橋脚と澄んだ流れの底の、上流二十メートル、下流六十メートルの石畳が見事である。その石畳の下には、河床を二・五メートル掘り下げ、松の生丸太（直径六十センチ、長さ三メートル）が数本打ち込まれ、その上に基礎枠を組み花崗岩《かこうがん》の根石が据えられているとのこと。

錦帯橋《きんたいきょう》を着物姿でよく散歩される、徳山大学助教授であり岩国錦ライオンズクラブ会長佐理判真育（米名マイク・サリバン）さんは「私の生まれ育った米国サンフランシスコの金門橋が鉄とボルトで造られた二十世紀の吊《つ》り橋なら、十年間住んだドイツのハイデルベルクにあるアルテ・ブリュケ（古い橋）は十八世紀末の煉瓦《れんが》造りのアーチ橋。二十年間暮らしている岩国の錦帯橋は、それより百年以上古い木組みの五連橋で、今回の架け替え工事を見学し、伝統の匠《たくみ》の技の結晶だと分かった。造形美では勝っている」と語られた。

あらためて「古き道ありて、新しき道あり」とのお言葉が心にしみる。

『春が来た』

「今年の桜、もう終わったかな？」

刑務所の塀を眺めながら、先日の教誨師《きょうかいし》研修会でのS先生のお話を思い出した。先生はロシアの刑務所で日本の童謡『春が来た』をロシア語で教え、「〽春が来た　春が来た　何処《どこ》に来た　山に来た　里に来た　野にも来た」の歌詞の最後を、「刑務所にも来た」と替え、二番も「〽花が咲く　花が咲く　何処に咲く　山に咲く　里に咲く　刑務所にも咲く」と替えて皆と一緒に繰り返し唱《うた》ったところ、最後は感激の大合唱になったそうである。

私が教誨をつとめる女子刑務所は冷暖房がないので、冬の寒さは重ね着や運動で何とかしのげるが、真夏の暑さはどうしようもなく、季節の移り変わりを肌で感じるとのこと。

また、刑務所で実感するのは、すべてのドア、出入り口が鍵《かぎ》なしには通れない不自由さである。

そうした中で、どうすれば喜びを見いだせるか？　と思案していたとき、女子の刑務官が「最近の入所者は覚醒剤《かくせいざい》中毒の人が多いけれど、その荒れた肌が、二、三カ月で見違えるようにきれいになりますよ」と話されたのを聞いたので、次の教誨でかしもの・かりものの教えを説き、「皆さんの身体《からだ》は大喜びしていると思います。なぜなら、これほど規則正しい生活や食事をしたことは、いままでないでしょう?」と話すと、皆さん心からうなずかれた。

天理教の教祖ほど、年老いて官憲の迫害を受けた宗祖はないと聞く。私が教祖伝第九章「御苦労」を拝読して感じるのは、もったいないからとランプの灯《ひ》を吹き消されたり、看守さんが退屈そうだからお菓子を買ってあげなさいとおっしゃったりと、常に変わらぬお優しいお姿である半面、「この所に、おばあさんは居《お》らん。我《われ》は天の将軍なり」と、月日のやしろの理を厳然と示されている点である。

昨年、一人の受刑者から「御供養」をしてほしいと頼まれ、教誨の前に「おつとめ」をさせていただいていた。ところが、おつとめのお手を教えてからというもの、だんだんと希望者が増え、拍子木を打つ私の後ろで最近は十人ほどが声をそろえて手振りをしている様子に、教祖の「御苦労」の要因が「おつとめの勤修《ごんしゅう》」にあった深い思召《おぼしめし》を、あらためて思案させていただいている。

次回の教誨でS先生の話をし、少々時期遅れだが『春が来た』の歌を皆さんと一緒に唱う日を、いまから楽しみにしている。

水見舞い

以前「全教一斉ひのきしんデー」に、ワイキキの動物園公園と、サンパウロのイピランガ公園で参加したとき、それぞれ拝聴した表統領先生のメッセージが懐かしく思い出される。

特に七十年目を迎える今年は、「ひのきしん」に励む教友の様子が『天理時報』の記事や写真で数多く報じられた。

私にとって心に残る「ひのきしん」は、四十数年前、おやさとやかた東左第四棟四階の屋根裏に寝起きして勤めた、「青年会ひのきしん隊」の楽しかった思い出が最初である。

あのころのコンクリート打ちは、現場でジャリ、砂、セメント、水をミキサーで混ぜて手押し車で運んだものだが、最初は何度も途中でひっくり返し、よく怒鳴られた。

その後、ミキサー車で運ぶようになった最初の工事が豊田山舎で、厳寒の時期だったので、凍結を避けるため徹夜で打ち終えた厳しい夜のことは、いまも忘れられない。

また「災害救援ひのきしん隊」出動の思い出で、特に心に残ったのは、昭和五十八年の島根水害だった。被災した三隅《みすみ》町（現浜田市）で電線にぶら下がったゴミを見て、被害のすさまじさを知った。そして、水びたしの水害地にまず必要なのは飲料水で、「水害地への水見舞い」との言葉を教えられたことである。早速、二十キロ離れた教会の井戸からポリタンクに飲料水を汲《く》み、毎日トラックで隊員の宿舎まで運びながら、「火と水とが一の神」とのご神言を、あらためて味わわせていただいた。

あのときは被害を免れた隣接教区として、全力で救援に臨み、本部隊が引き揚げた後も山口教区隊は出動し続けた。あれほど全教区が「一手一つ」にまとまったことはなく、当時の熱気が懐かしく思い出される。

その後の教区活動の中心となったのは、当時のスタッフであり、皆「青年会ひのきしん隊員」として親里への伏せ込みに汗を流した同志でもあった。

今年もまた青年会で「インターナショナルひのきしん隊」が実施されると聞いたが、先般の台湾地震の救援活動が契機となって、昨年、現地の会員らによる「災區服務隊《さいくふくむ》」が結成されたニュースを読んだ。かつて、二代真柱様が「青年会ひのきしん隊」でお話しくださった「ぢばに伏せ込んでは地方に芽生え、芽生えてはまたぢばに伏せ込む」とのお言葉をしみじみと味わう昨今である。

カタカナの祝詞

「これ覚えてるよ！」

新装なった「天理参考館」二階「海外布教」のところに展示されている祝詞《のりと》を見て、妻が言った。

その解説には、

「太平洋教会初代会長夫人三國イツは、幼くしてハワイに渡ったため漢字を学ぶ機会がなかった。イツはカタカナ書きの祝詞を携えて講社祭に赴《おもむ》いた。ずいぶん長く大切に使用されていたが、講社祭に出かけられなくなってこの祝詞は次代の会長夫人に託された」

と記されている。

その祖母によく講社祭に連れていってもらった妻が、祝詞を忘れた時もいつもと同じように奏上しているのを見て、全部暗記しているのに感心したそうだ。

また「ホノルルのバスのことなら、おばあちゃんに聞きなさい！」と言われるほど、市内、郊外、どこでも自由にバスを乗り継ぎ、信者さんの修理丹精に、布教に歩かれた。そして、暇があると足踏みのミシンで端切れを縫って「鍋つかみ」や、それを縫い合わせて「テーブル掛け」を作り、皆さんに差し上げるのを楽しみにしていた。その足の運動と、裏庭にたくさんの花や植木を育てていた土いじりが、教祖九十年祭に九十五歳で元気に「おぢばがえり」ができた長寿の一因だったのだろう。足の運動はできなかったが、手芸や花好きは隔世遺伝？　で、孫である妻に受け継がれたようだ。

祖母の祝詞で思い出したことがある。それは、部内の会長さんが出直され、奥さんが担任された奉告祭の時、祭文を持つ手が小刻みに震え額に汗している肩越しに、扈者《こしゃ》の役員さんが小声でリードされる姿だった。

お聞きすると、家庭の事情でほとんど学校に行けなかった、ご苦労の生い立ちだったそうだ。しかしその後、上級、おぢばに真実を尽くし運び続けられた成果が芽生え、いまでは子供さん三人とも教会長や布教所長として勇んで勤める、素晴らしい教勢のご守護を頂いている。

四月十九日の婦人会総会で、真柱様から「道の台」として伏せ込まれた歴代会長様のご苦心をお聞かせいただき、前日に勤められた委員部長さんによる

「てをどりまなび」の壮観を思い出し、そして式後の土持ひのきしんに勇み立つ「婦人会パワー」に、あらためてお道の明るい未来を心頼もしく実感した次第である。

「真実やがな」

今年六月十二日、米国ロサンゼルス国際空港出発カウンター前のベンチで、「周東《しゅうとう》ロスアンゼルス教会」会長就任奉告祭のお手伝いに渡米した大教会の直轄信者さんたちと共に、新任の会長さんから差し入れていただいた手作りのお弁当をおいしく頂きながら、昨年のあの出来事を思い出していた。

◇

昨年九月のハワイ巡教の折、事情整理のため急ぎ十日に渡米し、大教会直轄の「周東LA布教所長」を務める婦人に会長就任をお願いしたところ、「上級教会のお言葉なら、届きませんが、お受けさせていただきます！」と、難しい事情の中も快く承諾された。その彼女は、いまは亡き私の母が、三十数年前にLA布教所の息子さんとの縁談を勧めたところ、その時も素直に受けられた。生前、母はいつもその真実に感謝していた。

その夜は、これからその教会の役員として務める私の三男と、お神酒《みき》のお下がりをおいしく味わい、ゆっくりと休ませていただいた。

明けて十一日朝、何げなくつけたテレビ画面に、黒煙に包まれた高層ビルに大型の旅客機が飛び込むのを見て「朝早くから派手な活劇だなあ」と眺めていた。すると息子が飛んできて「大変なことが起こってる！」と、あの「同時多発テロ」の真相を知らせてくれた。

その影響で全部の航空便がストップし、いつ再開されるか分からないとのことだったが、私は当面の御用を果たすことができたし、「なってくるのは天の理」と覚悟していたら、息子が「予約していた十四日から運行再開する」との情報をつかんで報告してくれた。

先着順とのことで、朝四時に出かけて六時間待ったが、おかげで予定通りの日にハワイへ帰ることができた。

このたびの会長就任奉告祭に、私の長年の念願であった直轄信者の皆さんを海外に案内し、その実情に接していただけたことが何よりもありがたかった。

新会長がにをいを掛けたメキシコ人の三姉妹が夕づとめに参拝し、熱心に鳴物練習をしていたが、終わって、新しい神床にラッカーを塗っている私に微笑《ほほえ》みかけた、あの笑顔が忘れられない。

六月十二日。空港のベンチで、新会長の真実のこもった手作りのお弁当を味わいながら「真実やがな、真実なら神が受け取る」とのお言葉が心に浮かび、思わず目頭が熱くなった。

「ノリマサ、イズ、セイント」

「ノリマサ、イズ、セイント（紀政さんは聖者です）」との言葉に「なぜ？」と尋ねると、「牧師さんはお祈り、祝福をしても、老婆の下の世話まではしてくれません」との答えだった。

教祖百年祭の夏、「おやさとパレード」メキシコ団の先頭を元気に歩いていた八十二歳のリディアさんが脳溢血《のういっけつ》で倒れ、「憩《いこい》の家」に入院した。外交官の夫との海外生活は長かったが、「こどもおぢばがえり」に誘われて参加したお孫さんに付き添って、初めて来日したのだった。

誘った子の所属教会の紀政会長は「二十三年前、会長だった母が脳溢血で倒れたとき、修養科に行ってご守護いただいた。そのときできなかった母の看病を！」と心に定め、入院から帰国までの五十日間、親身にお世話をした。

メキシコから駆けつけた姪《めい》のソフィアさんとサンチェスさんは熱心なクリスチャンだが、九月十九日「おさづけの理」を拝戴《はいたい》し、すぐにおつとめ衣《ぎ》姿で理を取り次ぎ、手を取り合って涙した感激のシーンが目に浮かぶ。

それは人類の親里「ぢば」ならではの出来事であろう。

八月十一日、ソフィアさんが詰所の前で落とした「五千九百ドル」を、別席運び中のY青年が拾得。すぐに警察へ届けて、心から感謝されたことは、各紙の朝刊に掲載された。

また、航空会社の要請で迎えに来たテオドリオ医師は「憩の家」のスタッフに接して「理想的な病院だ！」と絶賛した。

おぢばで出会った数々の「底なしの親切」に感動した彼女たちは、詰所の修養科生と共に朝夕神殿に参拝し、ご守護を祈り続けた。そして右半身不随で苦しむ老婦人に会長が「おさづけ」を取り次ぐと、静かに眠りに就く様子を、毎日のように目の当たりにしていた。

最初「おさづけの理」は特別な聖職者しか頂けないものと思っていたが、願い出によって誰《だれ》でも頂けると知り、メキシコに帰ってから母親にお取り次ぎをするためにと、別席を運び、あの感激のシーンとなったのである。

リディアさんが念願の生まれ故郷に帰り、安らかに出直した十二月六日は、紀政会長の教会の月次祭の日であった。

教祖百二十年祭活動に向かう基礎づくりのこの秋、天理大学とグレゴリアン大学による「天理教とキリスト教の対話」の二回目のシンポジウムが「おぢば」で開催されることとなった。「二十年三十年経《た》ったなれば、皆の者成程《なるほど》と思う日が来る程に」とのお言葉が心に浮かぶ。

「さくら」

ＮＨＫ朝の連続ドラマ『さくら』を私は興味深く見ているが、なぜか妻は「主人公が好きになれない」と言って、あまり関心を示さない。

飛騨高山《ひだたかやま》の生活に戸惑いながら、だんだんと日本古来の伝統文化の奥深さに心ひかれる「さくら」の様子が、同じハワイ生まれの三世で、教会に嫁いできた妻のありし日の姿と重なる。

思い返せば、昭和十六年十二月八日、日本は初戦の勝利に湧き立ち、アメリカは「リメンバー、パールハーバー」（真珠湾を忘れるな）を合言葉に戦いが始まった。そして昭和二十年八月十五日をアメリカは「Ｖデー」（勝利の日）として祝い、日本は「終戦の日」と悲しんだが、この日のことだけは、私と妻の受け取り方が微妙に違うのも、生まれ育った環境のせいだろうか。

いまアメリカは「リメンバー、セプテンバー、イレブン」（九月十一日の同時多発テロを忘れるな）を合言葉にテロとの戦いに集中しているが、そのもとは、数千年に及ぶユダヤ人とアラブ人との「わが故郷」の土地問題と聞く。

しかし、いかなる理由があろうとも、一れつ可愛《かわい》い子供である人間が命にかかわる争いを繰り返すことは、親神様にとって、一番悲しいことであろう。

先日のテレビで、イスラエルとパレスチナの子供を十人ずつ日本に招待し、ホームステイ先の家族と生活を共にするドキュメント番組を見た。最後に全員でキャンプをし、感想を語り合った際に描いた絵に、パレスチナとイスラエルの国旗の旗竿《はたざお》をくっ付けたり、国旗を半分ずつ描いて一つにしたのを両国の子供が一緒に掲げたりしたものがあった。その中で「戦いによって身内を失った悲しみと、日本で平和の素晴らしさを味わったこの子供たちが、政治家になったらいいのに……」と語っていたのが印象的だった。

結論として、世界一れつ兄弟姉妹《きょうだい》が仲良く暮らす道は、まず、わがものと思う大地も「神のからだ」であり、「身上かしもの・かりもの」「諸事は天の与え」との天理を悟ることである。そして、それぞれに与えられた役割を「かんろだい」を中心に一手一つに勤め、心合わす努力を積み重ねることによって、「教祖の道具衆」としての自らの成人につとめ励むことであると、朝夕の祈りを新たにする昨今である。

「ほうそ」

「天然痘（ほうそ）ついに根絶したぞ」

毎年この時期に思い出すのは、昭和五十四年九月二十五日の新聞記事の見出しである。続く記事には「世界保健機関（WHO）は一カ月後の十月二十六日、ケニアの首都ナイロビから全世界に向け、天然痘根絶を宣言する予定である。（中略）撲滅計画に着手した当時、患者は毎年一千万人を数え、うち約二百万人が死亡していた。人間社会から一つの病気が完全に消滅するという壮挙は、単に科学の勝利を意味するにとどまらない。あらゆる体制の差をこえて、人類が一つの目的に英知を合わせた結果であり、世界史上不滅の金字塔をうち建てたとして、この日は長く記憶されるだろう」と記されていた。

世間の十月二十六日は、二十五日の翌日にすぎないが、お道のお互いにとっての十月二十六日は、親神・天理王命が「世界一れつたすけたい」との思召《おぼしめし》を宣言された、かけがえのない「立教の元一日」である。

あとで気がついたことだが、それまでの海外旅行には、旅券と一緒に必要だった種痘証明書（イエローカード）が、いつの間にか無くなっていた。

八月と九月の本部月次祭の神殿講話で「をびや、ほうそ」に関するお話があった。私はかねがね、「みかぐらうた」になぜ「をびや」と「ほうそ」が取り上げられているのか疑問に思っていた。

しかし、「お産」には試しが無いと言われ、一人目の子が安産でも、二人目が安産とは限らない。そんな母親の不安に対して「をびや」の許しを下された。また、古くからの諺《ことわざ》に「疱瘡《ほうそう》は見目《みめ》定め、麻疹《はしか》は命定め」と言うように、「ほうそ」も、母親にとって一番の悩みであった。

その「ほうそ」が、人々の「一手一つ」で根絶できた事実を知り、あらためて「おやさま」が元初まりにおいて母親の魂の持ち主であることを思い、深い感銘を禁じ得なかった。

ところが、先日の新聞で「陸上自衛隊員に天然痘ワクチン」の見出しを掲げ、「防衛庁は、ウイルスや細菌を使用したテロ行為（バイオテロ）に対処するため、陸上自衛隊の隊員らを対象に天然痘ワクチンの予防接種を実施する方針を決めた」と記されていたのを読み慄然《りつぜん》とした。

あらためて「律ありても心定めが第一やで」とのお言葉のご神意を心に治め、教祖百二十年祭への「諭達」を心待ちにし、その実践の基礎づくりに励みたいと思う。

白い大根

「ボンジュール」「ニイツァオ」「アンニョンハシムニカ」「グッドモーニング」そして「おはようございます」。

本部の朝づとめに続いて、教祖殿御用場の「てをどりまなび」の時、いろいろな国の言葉であいさつが交わされる。

その様子を、ご存命の教祖はさぞお喜びくださっていることだろうと拝察しながら、ずっと以前に「祭文は日本語でなければいけませんか?」と質問されたことを思い出した。

「紋型無いところから人間世界をお造りくだされ、一れつ人間の陽気ぐらしを楽しみたいとの思召《おぼしめし》から、知恵の仕込み、文字の仕込み」をされた親神様なら、どこの言葉でもご理解くださるはずだ。そのうえ「かなの教え」のお道だから、信心する人々に分かる言葉でお許しいただけるだろう、と答えた。

現在は、現地の言葉か、日本語と現地語の両方で祭文が奏上されているようだ。

また同じ時期に、ブラジル・サンパウロの「大望《たいもう》教会」でお供えの大根を見て、「地球の反対側のブラジルでも、大根の種からは白い大根、人参の種からは赤い人参と、日本と同じご守護なんだなあ！」と感動し、思わず目頭が熱くなったことを思い出した。

それには訳があった。新設された大望教会の会長さんと役員さんが、お目標《めどう》様を「おぢば」から「ブラジル」までの二万キロ、三十数時間の機中も教服姿で奉持され、無事教会に到着し、門から神殿へと歩むなか、思わず一人嗚咽《おえつ》し、やがて二人、三人と続き、神床に安置してからは、しばらく全員のすすり泣きが止まらない。ブラジル布教を心に誓って渡航してからの、二十五年間の言葉に言い表せない苦労と、今日の日を迎えられた喜びが、一度にこみ上げたのであろう。

そしてその感動が、私の「ほこり心」をきれいに洗い流し、この世界はすべて神の身体《からだ》である親神様のご守護の真実を、〝白い大根、赤い人参〟に味わうことができたのであろう。

このことは、『天理時報』（昭和五十九年十月七日）の「二万キロ教服姿でお目標様奉持」との記事に詳しく記されている。

あれからお供えの〝白い大根〟を目にしても、涙することはないが、あの日の感動は生涯忘れることができない。

あらためて『諭達第二号』に記された「先《ま》ずは、自らが教えに基づく生き方を日々実行し」、常に〝白い大根、赤い人参〟のご守護を、感動をもって味わえる感性を磨き続けたいと願う毎日である。

「ぢば理」

先月の月次祭の前夜遅く、「ブラジル美《み》の里《さと》教会」の二代会長就任奉告祭から帰会した会長夫妻を迎え、十一年前の設立奉告祭を思い出した。

妻のポルトガル語のあいさつが好評だったのは、英語圏で生まれ育ったせいだろうが、にぎやかな参拝者の中でひときわ声の大きかったのは、約一千キロ離れた「トレスバラス教会」の、いまは亡き岡村俊朗会長さんだった。「パンタナール」で釣ったお供えの魚を、私のために！　と持参してくださったのだ。

そのご縁は、二十年前の「ブラジル陽気ぐらし講座」からである。

記録を見ると八月九日から九月五日まで、前半は青年会の人と「あらきとうりよう号車」に映写機を積み、南西ブラジル三千五百キロ、十四会場を巡回。後半は空路一万キロ、東北ブラジル八会場を勤めた。

前半の移動日、八百キロを走り続けてトレスバラス教会に到着したのは、真夜中の午前一時を過ぎていたが、神殿には煌々《こうこう》と明かりが点《とも》され、会長さんが教服姿で出迎えられて、「おぢばよりご苦労さまです」とあいさつされた。

参拝後、久しぶりに首までお湯に浸《つ》かり、連日のシャワー生活の疲れを流し、浴衣姿で奥様の心づくしの手料理とお酒を頂戴《ちょうだい》し、すっかりいい気分で会長さんのお話を聞かせていただいた。特に「親里ぢば」に寄せられる思いの深さに感銘した。同時に、大竹忠治郎先生（ブラジル伝道庁初代庁長）から「お背中流し」を受けたとき、「少しでも〝おぢばの理〟を頂きたいのです」とお話しされたことを思い出した。

かつて、同じような話を聞かせていただいたことがある。戦後まだ渡航困難だった韓国に出向かれた先生方の腕や肩に触れ、少しでも「おぢばの理」をと請い願われた現地教友の思いも、同じだったのだろう。

いい気分でお酒を頂戴していたら、前後の話は思い出せないが、「いまどきの若い者の中に、教会に住まわしていただきながら、ご恩を忘れて朝づとめに起きてこないのもいる！」とのひと言に、途端に酔いがさめた。その夜はまんじりともせず、朝づとめまでの時間の長かったことを思い出す。

その後おぢば帰りをされるたびに、妻の用意した「岩国蓮根《れんこん》の酢の物」を持参し、喜んでいただいたことも懐かしい。

昭和十年一月十日、周東に初めてお入り込みくださった二代真柱様の「ぢば理」とご揮毫《きごう》くださった掛け軸を拝見しながら、いまはあまりにも楽に運べるので、その尊い理合いをつい見失いがちな自らを省みて、お互いの年祭活動を妻と語り合う日々である。

あとがき

今回、父と私のエッセーを一冊の本にまとめていただくことになり、本当にありがたく思います。

父はエッセーを書き終えた翌年、平成十五年五月十九日に七十二歳で出直しました。『天理時報』のエッセーが、父の遺稿になったような気がします。本人がエッセーにも書いているように、父は出直しということをとても大切な問題だと考えていました。

父はよく私たちに、「前生・今生・来生は、昨日・今日《きょう》・明日のようなもので、出直しとは夜寝て朝起きるのと同じだ。前夜、きれいな姿で休めば、朝もきれいな姿で起きられる。しかし、前夜深酒をしてお風呂にも入らず乱れた姿で休めば、朝起きた姿はまことに醜いことになる。つまり出直しの姿が、そのまま来生につながる。だから、どういう出直しをするかということがとても重要なんだ。そして、どんな出直しをするかは今生の生き方で決まる。今日一日をおろそかにしてはいけないんだよ」と話してくれました。

そして父は、その信念の通りに今生を全うしました。末期がんにもかかわらず、出直す間際まで部内教会を巡教し、古い信者さんたちと楽しく語り合ったり、一緒に記念写真を撮ったりしていました。それは父としてのお礼と、お別れだったのだと思います。

最期は、枕もとに付き添っていた私と妹が見守る中、静かに迎えました。私は父が二十四歳のときの子供ですから、父が出直した歳まであと十四年です。父に恥じないよう、今日一日をもっとしっかりと生きなくてはと思います。

宗教家には医者や弁護士同様、厳しい守秘義務が課せられていると考えていますので、講話であれ、文章活動であれ、その点はいつも気をつけるようにしています。ですから、エッセーの執筆を依頼されても、取り扱える題材があるだろうかと心配しました。結果、ほとんど家族の話ばかりになってしまいましたが、私にとっては、自分自身と家族を見詰め直す絶好の機会を与えてもらったと思います。このたびの『諭達第三号』に「己《おの》が家族の在《あ》り方を正し」とありますが、この一節が私の心に強く響きました。つまり、正しくないところがあると指摘されているのです。まさにそうです。

わが家族の問題について、「代々教会長をつとめ、長年信仰しているのに、どうしてその家族に厳しい身上や事情が立て続いて起こるのでしょうか」と父に尋ねたことがあります。それに対して父は、「親神様はとにかくたすけてやりたいと思《おぼ》し召《め》される。そしてその方法は、つとめとさづけ、つまりおつとめと人だすけだ。そこでよく考えてごらん。教会長やその家族は、教会で生活をする。そこはおつとめとおたすけをする場所だ。そこに引き寄せられたのは、ほかの信者さんたちの何倍もおつとめをし、おたすけをすることによって、初めてたすけてもらえるいんねんの者だということになる。だから厳しい節を見せられるのは当然なんだ」。そして、「教会だからこそたすけていただける。それを喜んで通らねばならん」と話してくれました。

私がこのエッセーに「万事機嫌よく」というタイトルを選んだのも、父の教えが心に残っていたからだと思います。

『天理時報』に連載させていただいた四年の間には、たくさんの方々からうれしい感想や、励ましを寄せていただきました。それに甘えて駄文を重ねてしまい、まことに恥ずかしい次第です。

ちょうど父の出直しから十年という節目に、この本を出版していただけますことを、関係の皆様に心よりお礼申し上げます。

立教一七六年三月二十二日

弘長　健

弘長 健（ひろなが けん）

昭和30年（1955年）、山口県岩国市生まれ。54年、関西大学卒業。55年、青年会本部委員。61年、青年会本部副委員長。平成元年（1989年）、本部学生担当委員会委員。2年、山口教区青年会委員長。4年、山口教区学生担当委員会委員長。13年、天理教周東大教会長。18年、山口教区長。

きずな新書 009

万事機嫌《ばんじきげん》よく

立教176年（2013年）5月1日　初版第1刷発行

著　者　弘長 健

発行所　天理教道友社

〒632-8686　奈良県天理市三島町271

電話　0743（62）5388

振替　00900-7-10367

TENRIKYO DOYUSHA

印刷所　株式会社天理時報社

〒632-0083　奈良県天理市稲葉町80

ISBN978-4-8073-0575-9

定価はカバーに表示